Andreas Wiese

D1823317

Co-Advertising - Das Management der Partnerschaften

Chancen, Risiken und Erfolgsfaktoren kooperativer Werbung

GRIN - Verlag für akademische Texte

Der GRIN Verlag mit Sitz in München und Ravensburg hat sich seit der Gründung im Jahr 1998 auf die Veröffentlichung akademischer Texte spezialisiert.

Die Verlagswebseite http://www.grin.com/ ist für Studenten, Hochschullehrer und andere Akademiker die ideale Plattform, ihre Fachaufsätze und Studien-, Seminar-, Diplom- oder Doktorarbeiten einem breiten Publikum zu präsentieren.

Dokument Nr. V94069 aus dem GRIN Verlagsprogramm

Andreas Wiese

Co-Advertising - Das Management der Partnerschaften

Chancen, Risiken und Erfolgsfaktoren kooperativer Werbung

GRIN Verlag

Bibliografische Information Der Deutschen Bibliothek: Die Deutsche
Bibliothek verzeichnet diese Publikation in der Deutschen Nationalbibliogra-
fie; detaillierte bibliografische Daten sind im Internet über http://dnb.ddb.de/
abrufbar.

1. Auflage 2008
Copyright © 2008 GRIN Verlag
http://www.grin.com/
Druck und Bindung: Books on Demand GmbH, Norderstedt Germany
ISBN 978-3-638-95423-5

Fachhochschule für
Wirtschaft Berlin
Berlin School of Economics

Co-Advertising:
Das Management der Partnerschaften

Chancen, Risiken und Erfolgsfaktoren kooperativer Werbung

Wissenschaftliche Arbeit zur Erlangung des Grades
Bachelor of Arts in Business Administration
im Fachbereich Wirtschaftswissenschaften
der Fachhochschule für Wirtschaft Berlin

Eingereicht von: Andreas Wiese

Für Deborah, Noah und Zoe

Inhaltsverzeichnis

Abkürzungsverzeichnis

Abb.	Abbildung
Bsp.	Beispiel
bspw.	beispielsweise
bzw.	beziehungsweise
CMA	Centrale Marketing-Gesellschaft der deutschen Agrarwirtschaft mbH
d. h.	das heißt
DPMA	Deutsches Patent und Markenamt
ebd.	ebenda
Empf.	Empfehlungswerbung
et al.	et alii (und andere)
etc.	et cetera
f.	folgende
ff.	fortfolgende
Grup.	Gruppenwerbung
H&M	Hennes & Mauritz
Kap.	Kapitel
KMK	Kooperative Marketing Kommunikation
Lat.	Laterales Co-Advertising
Multi.	Multiples Co-Advertising
Sam.	Sammelwerbung
Tab.	Tabelle
u. a.	unter anderem
u. ä.	und ähnliche
usw.	und so weiter
Verb.	Verbundwerbung
Vgl.	Vergleiche
z. B.	zum Beispiel

Abbildungsverzeichnis

Tabellenverzeichnis

„Und noch etwas wird sich in Zukunft ändern. Es wird weniger So-
lo-Auftritte und viel mehr Co-Marketing und Co-Advertising geben.
Marken und Unternehmen werden kommunikative Beziehungen
eingehen."[1]

Friedhelm Lammoth

1. Einleitung

Mit dieser These, die Friedhelm Lammoth u. a. im März 2006 auf
der Best Practice in Marketing-Tagung in St. Gallen äußerte,
spricht er einen Trend an, der in der letzten Zeit immer mehr an
Bedeutung gewinnt. Verschiedene Unternehmen haben bereits die
Möglichkeiten der kooperativen Werbung erfolgreich für sich ge-
nutzt. Esprit bspw., empfiehlt seinen Kunden mit Ariel zu waschen,
Kraft Reis-fit und Iglo Schlemmerfilet preisen sich als „perfektes
Duo" für ein schnelles und originelles Komplettgericht an[2] und mit
dem Slogan „Zwei für zwischendurch" werben Bahlsens Leibnitz
Mini Kekse und Ehrmanns Almighurt.[3] „Every Street is a Catwalk"
erklärt der Automobilhersteller Opel zusammen mit der spani-
schen Modemarke Mango[4], Gerry Weber wirbt mit der Möbelmar-
ke Hülsta und Nestlé sucht mit Sat.1 die Frühstücksfamilie.[5]

Die Gründe für die zunehmende Kooperationsbereitschaft der Unternehmen sind vielfältig. Auf der einen Seite haben es Unternehmen mit dem steigenden Kosten-, Innovations- und Wettbewerbs-
druck, den Qualitätspatt[6] und den damit einhergehenden Differen-
zierungsschwierigkeiten zu tun, auf der anderen Seite stagnieren
die Werbebudgets bei steigenden Kontaktpreisen der Werbeme-

---

[1] Lammoth (2006), S. 8 (Lammoth ist Ehrenpräsident des Deutschen
   Direktmarketing Verbandes DDV und Leiter der Werbeagentur Lammoth
   Mailkonzept)
[2] Vgl. Baumgarth/Feldmann (2002), S. 3
[3] Vgl. Kunze (2002), S. 17
[4] Vgl. Tigracouture (2007)
[5] Vgl. Baumgarth/Feldmann (2002), S. 10
[6] Vgl. Lambrecht (2003), S. 49

dien.[7] Hinzu kommen die wirtschaftliche Bedeutung der so genannten Handelsmarken und die abnehmende Markenloyalität der
Konsumenten.[8] Wirft man einen Blick auf die Kernergebnisse der
2007 erschienenen Studie „Marktorientiertes Wachstum durch
Marketingkooperationen"[9] und auf die Frage, welches die aktuellen Marketingherausforderungen der einzelnen Unternehmen sind,
können ebenfalls Rückschlüsse auf den Anstieg von Marketingkooperationen geschlossen werden.

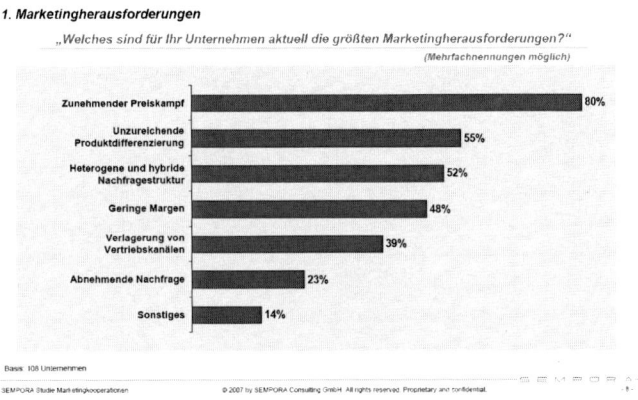

Abb. 1: Marketingherausforderungen

Quelle: Sempora Management Consulting/Noshokaty, Döring &
Thun (2007), S. 8

Dort geben 80 Prozent der Unternehmen den zunehmenden
Preiskampf als wichtigste Herausforderung der Zukunft an. Mit
den unzureichenden Produktdifferenzierungsmöglichkeiten
(55 Prozent) und der heterogenen und hybriden Nachfragestruktur
(52 Prozent), haben über die Hälfte der Unternehmen zu kämpfen.
Interessanterweise gehen lediglich 23 Prozent von einer abneh-
menden Nachfrage aus. Demnach müssen Unternehmen in Zukunft Kosten sparen, sich den Kundenwünschen schneller anpas-
sen und sich gleichzeitig von der Konkurrenz abheben. Mit einer

---

[7] Vgl. Horn (2004), S. 2
[8] Vgl. Vilmar (2006), S. 49
[9] Sempora Management Consulting/Noshokaty, Döring & Thun (2007)

Markenkooperation auf Kommunikationsebene, wie es das Co-Advertising bietet, haben Unternehmen die Möglichkeit Werbekosten einzusparen, den Kunden zu überraschen und ihm einen Mehrwert zu bieten sowie durch Imagetransfers die eigene Marke zu stärken.

1.1. Problemstellung und Zielsetzung

Co-Advertising ist ganz offensichtlich eine viel versprechende Kommunikationsform, die sich ideal den aktuellen Marktbedingungen anpasst. Doch trotz der vielen Vorteile scheint die Realisierung nicht einfach zu sein. Erstaunlicherweise scheitern zwei von drei Kooperationen. Die Ursachen dafür sind meist im fehlenden Kundennutzen, den falschen Marketingzielen oder der falschen Partnerwahl zu finden.[10]

In der Praxis sind oft zufällige Kontakte Auslöser für eine Kooperation. Anstatt anhand von Zielgruppen-, Marken- und Leistungs-Fits systematisch einen geeigneten Partner zu finden, dessen Unternehmen mit dem eigenen organisatorisch verträglich ist, werden viele Kooperationen oft aus dem Bauchgefühl geschlossen.[11] Auch eine systematische und koordinierte Planung der Kommunikationsaktivitäten ist eher die Ausnahme.[12] Trotzdem bedienen sich Werbetreibende und Markenverantwortliche verstärkt dieser Form der Kommunikation, ohne dass sie auf einen ganzheitlichen, in sich stimmigen und allgemein gültigen Managementprozess zurückgreifen können.[13]

Das Ziel der vorliegenden Arbeit ist es daher, anhand ermittelter Erfolgsfaktoren einen solchen Managementprozess abzuleiten. Diese Übersicht soll den kooperierenden Unternehmen nicht nur

---

[10] Vgl. Huber/Thun (2007), S. 45
[11] Vgl. Vilmar (2007)
[12] Vgl. Huber/Thun (2007), S. 47
[13] Vgl. Hermanns/Lindemann (1993), S. 78

als Ablaufplan dienen, sondern auch Hinweise zur Realisierung geben. Dazu werden zunächst die Chancen und Risiken des Co-Advertising aufgezeigt, die zum Erfolg führenden Faktoren ermittelt sowie die verschiedenen Formen des Co-Advertising dargelegt.

1.2. Aufbau der Arbeit

Die Arbeit befasst sich in Kap. 2. zunächst mit der Kooperativen Marketing Kommunikation (KMK), in die das Co-Advertising als Instrument eingeordnet wird. Im Anschluss daran wird der Begriff Co-Advertising definiert. Darauf aufbauend wird in Kap. 3. ein Überblick über die Formen und Sonderformen des Co-Advertising gegeben, wobei aufgezeigt werden wird, dass nicht alle Formen der kooperativen Werbung auch unter den Begriff des Co-Advertising fallen. Im nächsten Schritt wird in Kap. 4. eine kurze Einleitung der aktuellen Marktsituation gegeben, um dann in Kap. 4.1. auf die Chancen und Ziele des Co-Advertising einzugehen. Zur besseren Übersicht werden diese dann am Ende des Kapitels tabellarisch dargestellt und in ökonomische und psychologische Werbeziele unterteilt. Kap. 4.2. thematisiert die Risiken des Co-Advertising, die in sieben verschiedenen risikobehafteten Problemfeldern dargestellt werden. Weiterführend werden in Kap. 4.3. die Erfolgsfaktoren des Co-Advertising in den drei Phasen Konzeption, Realisierung und Management beschrieben. Hiernach folgt in Kap. 5. ein von den Erfolgsfaktoren abgeleiteter Managementprozess des Co-Advertising, der Unternehmen helfen soll, ihre kooperative Werbung systematisch und in sich stimmig zu gestalten. Dieser wird in Kap. 6 anhand eines fiktiven Beispiels konzeptionell durchgespielt. Dabei fließen insbesondere die Erkenntnisse aus dem Hauptteil mit ein. Die Arbeit schließt mit einer Zusammenfassung und einem Fazit (Kap. 7).

2. Definition und Einordnung des Co-Advertising in die kooperative Marketing Kommunikation

Unter dem Begriff der Kooperativen Marketing Kommunikation (KMK), die in der angloamerikanischen Literatur auch als Co-Communication bezeichnet wird, ist die „gemeinsame Kommunikationspolitik mehrerer autonomer Organisationen (Unternehmen, Sparten etc.)"[14] zu verstehen. Co-Advertising lässt sich im Sinne der kooperativen Werbung als Instrument in die gemeinsame Kommunikationspolitik einordnen. Weitere Instrumente der KMK sind u. a. Co-Promotion, Co-PR, Co-Events und Sponsoring.[15] Schließlich umfasst die KMK alle Formen der Markenkommunikation, in der zwei oder mehrere unabhängige Unternehmen gemeinsam und für Adressaten erkennbar auftreten.[16]

Werbung an sich kann sowohl einzelbetrieblich als auch kooperativ durchgeführt werden.[17] Das Co-Advertising stellt dabei den gemeinsamen werblichen Auftritt von mindestens zwei Marken[18] oder auch anderen Imageobjekten (z. B. Einzelhandelsgeschäften)[19] dar. Bei dieser Form des werblichen Auftrittes werden die Marken vor, während und nach der Kooperation[20] in Alleinverantwortung der beteiligten Partner geführt[21] und vom Konsument sichtbar und als eigenständige Marke wahrgenommen.[22]

Der Begriff Marke wird in diesem Zusammenhang aus einer wirkungsbezogenen Sichtweise gesehen.[23] Demnach wird eine Marke „als ein in der Psyche des Nachfragers verankertes, unverwechselbares Vorstellungsbild von einer Leistung verstanden."

---

[14] Vgl. Hermanns/Lindemann (1993), S. 71
[15] Vgl. Vilmar (2006), S. 61
[16] Vgl. Heymans (2006), S. 19
[17] Vgl. Berndt (1985), S. 1
[18] Vgl. Baumgarth/Feldmann (2002), S. 4
[19] Vgl. Baumgarth (2003), S. 33
[20] Ebenda, S. 33
[21] Vgl. Horn (2004), S. 3
[22] Vgl. Baumgarth/Feldmann (2002), S. 4
[23] Ebenda, S. 4

D. h., dass sie sich vor allem in den Köpfen der Nachfrager in Form von Vorstellungen, Images, Vorurteile und Markenbilder abspielt. Marken sind das Wissen (Ratio) und die Wertschätzungen (Emotionen) über die anbietenden Unternehmen und deren angebotene Produkte oder Leistungen. Folglich ist die Marke das, was der Konsument als Marke bezeichnet bzw. empfindet.[24]

Die Entscheidungsfreiheit der Teilnehmer für die Kooperation als auch innerhalb dieser sowie die Gleichberechtigung der Partner,[25] werden als weitere Merkmale des Co-Advertising gesehen. Da die kooperative Werbung von allen Teilnehmern bewusst geplant wird, fällt die Verwendung einer anderen Marke im Rahmen einer vergleichenden Werbung nicht unter diesen Begriff.[26]

Co-Advertising an sich kann in eine horizontale und eine vertikale Form[27] unterschieden werden. Beteiligen sich an einer kooperativen Werbung nur Unternehmen derselben Wirtschaftsstufe, so liegt ein horizontales Co-Advertising vor.[28] Als Beispiel hierfür dient die Werbekooperation der Bahlsen GmbH & Co. KG und der Ehrmann AG, die gemeinsam für ihre Marken Leibnitz Mini Kekse und Almighurt werben.[29] Unter dem Begriff des vertikalen Co-Advertising ist die Werbekooperation zu verstehen, bei der die Kooperationspartner aus unterschiedlichen Wirtschaftsstufen stammen. Dies kann aus Sicht eines Industrieunternehmens sowohl ein vorgelagerter Lieferant als auch der nachgelagerte Handel sein.[30] Beispielhaft hierfür ist die Firma Rolex, die ihre Uhren zum Kauf beim Handelspartner Wempe anpreist.[31] Das vertikale Co-Advertising wird jedoch nicht Gegenstand der weiteren Ausführungen sein, da der überwiegende Anteil der praktischen Anwen-

---

[24] Vgl. Leven (2004), S. 18 f.
[25] Vgl. Kunze (2002), S. 3
[26] Vgl. Horn (2004), S. 3
[27] Vgl. Keller (1955) S. 76; Altobelli (1993), S. 257
[28] Vgl. Berndt (1985), S. 2
[29] Vgl. Kunze (2002), S. 17
[30] Vgl. Hermanns/Lindemann (1993), S. 71
[31] Ebenda, S. 88

dungsfälle im Bereich des horizontalen Co-Advertising zu finden ist.[32]

Anders als beim Co-Branding, bei der die „systematische Markierung einer Leistung durch mindestens zwei Marken"[33] im Vordergrund steht, handelt es sich beim horizontalen Co-Advertising um eine reine kommunikative Zusammenarbeit, die von einer gemeinsamen Marktforschung im Dienste der Werbung bis zur Realisierung kooperativer Werbemaßnahmen reichen kann.[34] Co-Advertising kann jedoch als Nebenprodukt des Co-Branding auftreten. Dies geschieht immer dann, wenn beide Unternehmen der Co-Brands offensichtlich und für jeden erkennbar in der Marktkommunikation auftreten. Ein sehr gutes Beispiel hierfür ist das im Frühjahr 2008 beworbene Co-Brand der Firmen Alfred Ritter GmbH & Co. KG und der Pernod Ricard AG, die gemeinsam die neue Schokoladensorte „Ritter Sport Ramazzotti" herausbrachten.

QUADRATO. PRATICO. BUONO.

Abb. 2: Co-Advertising eines Co-Brands
Quelle: Mesh-Box[35]

Da der Fokus des Zusammenschlusses beim Co-Branding auf der systematischen Entwicklung und Markierung eines neuen Produktes liegt und nicht allein in dem Bestreben gemeinsam zu kommunizieren, fällt das Co-Branding an sich nicht unter den

---

[32] Vgl. Horn (2004), S. 3
[33] Meffert (2004), S. 3
[34] Vgl. Himmel (2002), S. 28
[35] Mesh Box ist ein Agentur-Themenblog zu Marketingkooperationen unter der Leitung der Noshokaty, Döring & Thun Agentur für Marketing und Kooperationen. Online im Internet: URL: http://mesh-box.com/index.php [28.04.2008].

nizieren, fällt das Co-Branding an sich nicht unter den Begriff des Co-Advertising.[36] Deshalb wird auf den Begriff des Co-Branding nicht näher eingegangen.

Zusammenfassend kann der Begriff des horizontalen Co-Advertising (im späteren Verlauf kurz: Co-Advertising) wie folgt definiert werden:

„Horizontales Co-Advertising bezeichnet einen systematisch geplanten, gemeinsamen werblichen Auftritt von mindestens zwei Marken der gleichen Wirtschaftsstufe, die von den Konsumenten isoliert wahrnehmbar sind und die weiterhin eigenständig am Markt auftreten."[37]

3. Formen des Co-Advertising

In der deutschsprachigen Fachliteratur werden vier verschiedene Typologien der kooperativen Werbung unterschieden: Gemeinschaftswerbung, Gruppenwerbung, Verbundwerbung und Sammelwerbung.[38] Nach einer kurzen Definition der vier Typen wird sich jedoch zeigen, dass nicht alle der oben genannten Formen auch dem Co-Advertising zugeordnet werden können. Des Weiteren werden einige Sonderformen der kooperativen Werbung genannt, die unter das Co-Advertising fallen.

3.1. Gemeinschaftswerbung

Bei der Gemeinschaftswerbung erfolgt eine gemeinsame Aussage mehrerer Markenhersteller mit substitutiven Produkten, ohne dass diese einzeln zu erkennen sind. Dies bedeutet, dass für die Zielgruppe keinerlei Marken-, Produkt- oder Unternehmensnamen

---

[36] Vgl. Heymans (2006), S. 21
[37] Baumgarth/Feldmann (2002), S. 5
[38] Vgl. Berndt (1985), S. 2; Kunze (2002) S. 4; Hermanns/Lindemann (1993), S. 71

8

festzustellen sind.[39] Als ein Beispiel für Gemeinschaftswerbung dient die CMA[40] Werbekampagne, die mit verschiedenen Testimonials für Milch wirbt.

Abb. 3: Gemeinschaftswerbung der CMA
Quelle: Homepage der CMA

Da der Gemeinschaftswerbung das für das Co-Advertising ausschlaggebende Merkmal „Sichtbarkeit der Marken" fehlt, kann sie nicht als Form des Co-Advertising angesehen werden.

3.2. Gruppenwerbung und multiples Co-Advertising

Ähnlich wie bei der Gemeinschaftswerbung, haben sich bei der Gruppenwerbung mehrere Wettbewerber mit gleichartigen Produktleistungen zu einer gemeinsamen Kommunikationspolitik entschieden. Der wesentliche Unterschied zwischen der Gruppen- und der Gemeinschaftswerbung besteht darin, dass jeder Teilnehmer durch die Präsentation von Produkt und/oder Markenname identifizierbar ist.[41] Gruppenwerbung kann somit als eine Form des Co-Advertising verstanden werden.

Die Wettbewerber Bauknecht, Siemens, Bosch, Whirlpool und AEG Electrolux, die alle u. a. Waschmaschinen herstellen, emp-

---

[39] Vgl. Kunze (2002), S. 4
[40] Die CMA ist die Centrale Marketing-Gesellschaft der deutschen Agrarwirtschaft mbH. Informationen zur Kampagne: Milch ist meine Stärke ist unter der Homepage der CMA URL: http://cma.de/content/milch/milch-milch-ist-meine-staerke.php und unter der URL: http://www.milch-ist-meinestärke.de zu finden.
[41] Vgl. Kunze (2002), S. 4; Schneider/Pflaum (2000), S. 333

fehlen bspw. in einer Gruppenwerbung den Wasserenthärter Calgon.

Abb. 4: Gruppenwerbung verschiedener Waschmaschinenhersteller

Quelle: Homepage Calgon[42]

Mit dieser Werbekampagne kann sich die Gruppe gegenüber anderen Waschmaschinenherstellern gezielt abgrenzen und wird zusätzlich durch das benutzte Attribut „führend" in der Eröffnungsfrage automatisch von den Konsumenten als solche wahrgenommen. Calgon gewinnt auf diesem Wege enorm an Glaubwürdigkeit und kann sich als Qualitätsprodukt mit einem höheren Preis am Markt durchsetzen. Das Kriterium der Empfehlung ist bei der Gruppenwerbung nicht ausschlaggebend.

Ist bei der Gruppenwerbung das substitutive Beziehungsverhältnis zwischen Marken bzw. Anbietern nicht gegeben, wird von einem **multiplen Co-Advertising** gesprochen.[43] Konstituierendes Merkmal des multiplen Co-Advertising ist die Anzahl von mehr als zwei

---

[42] Homepage Calgon. Online im Internet: URL:
http://www.calgon.de/protection.php [14.04.2008]
[43] Vgl. Baumgarth/Feldmann (2002), S. 9

beteiligten Marken, die auf der gleichen Wirtschaftsstufe stehen.[44] Als Beispiel hierfür dient die Werbung von Henkel, die in der Zeitschrift „Markenartikel" Ausgabe 03/08 erschien. Hier werden verschiedene Marken von Henkel gezeigt und für deren Qualität geworben.

Abb. 5: Multiples Co-Advertising von Henkel
Quelle: Zeitschrift „Markenartikel"

3.3.   Verbundwerbung und Empfehlungswerbung

Im Rahmen der Verbundwerbung schließen sich zwei individuell erkennbare Markenhersteller aus unterschiedlichen Unternehmen zu einer kooperativen Werbung zusammen.[45] Die Differenzierungsmerkmale zur Gruppenkommunikation bestehen zum einen darin, dass nur zwei kooperierende Marken beteiligt sind und zum anderen, dass komplementäre Erzeugnisse angeboten werden. Die Verbundbeziehungen zwischen den Kommunikationsobjekten bilden dabei die Grundlage der Kooperation. Wegen der komplementären Verbundbeziehung wird diese Werbeart von manchen Autoren auch als Komplementärwerbung bezeichnet.[46] Aktuelle Beispiele hierfür liefern das Freundschafts-Angebot des Handyherstellers Nokia mit dem Handytarif Base von E-Plus sowie die Remoulade Miracel Whip von Kraft die unwiderstehlich leicht zu Fischstäbchen von Iglo passen soll.

---

[44] Ebenda, S. 9
[45] Vgl. ebd.
[46] Vgl. Berndt (1985) S. 2

Abb. 6: Verbundwerbung von Base & Nokia, Miracel Whip & Iglo

Quelle: Berlin, U-Bahnhof Kurfürstendamm, 26.04.2008, Zeitschrift Eltern 07/2007 S. 63

Als Sonderform der Verbundwerbung kann die **Empfehlungswerbung** oder auch **Endorsementwerbung** genannt werden. Hierbei steht die Aussprache einer Empfehlung als charakterisierendes Merkmal im Vordergrund. Der Grundgedanke dieser Form des Co-Advertising besteht darin, dass ausgehend von einer renommierten und namenhaften Marke dem Konsumenten gegenüber eine Versicherung über die Qualität der eigenen und der empfohlenen Marke gegeben wird.[47] Weitere Unterscheidungsmerkmale zur Verbundwerbung werden in der Ansprache der gleichen Zielgruppe und in dem ungleichberechtigten Markenauftritt nach außen gesehen.[48] Ein aktuelles Beispiel dafür, ist die im April 2008 in der Zeitschrift Eltern erschienene Empfehlungswerbung, in der JAKO-O als Hersteller von Kindersachen den VW Multivan Startline empfiehlt.

---

[47] Vgl. Himmel (2002), S. 29
[48] Vgl. Baumgarth/Feldmann (2002), S. 9

Für Familien, wie sie wirklich sind: der Multivan Startline mit Family-Paket und bis zu 2.940,– € Preisvorteil.*

Jetzt macht es noch mehr Spaß, eine große Familie zu haben. Den Multivan Startline gibt es mit attraktivem Family-Paket inklusive Seitenairbags und Kopfairbags für Fahrer und Beifahrer, Einpark-hilfe vorn/hinten und manueller Klimaanlage vorn/hinten sowie Style-Paket. Und das Ganze zu einem sehr familienfreundlichen Preis ab 29.990,- €**: Bis zum 31. Mai 2008 sparen Sie dabei bis zu 2.940,- €!* Entdecken Sie den Multivan Startline bei einer Probefahrt. Mehr Informationen erhalten Sie bei Ihrem Volkswagen Partner, auf www.multivan.de oder unter 01802/66 63 72 (6 Cent/Anruf). **Jeder braucht ein bisschen Freiheit. Der Multivan Startline.**

Empfohlen von:

Das Auto.

Abb. 7: Empfehlungswerbung von JAKO-O und VW

Quelle: Zeitschrift Eltern, Ausgabe 04/2008, S. 48

3.4.   Sammelwerbung und laterales Co-Advertising

Wenn mehrere Hersteller von Markenartikeln gemeinsam auftreten, individuell erkennbar sind und weder komplementär noch
substitutiv zu einander stehen, spricht man von Sammelwerbung.[49] In diesem Fall sind die Kommunikationsobjekte indifferent
oder lateral und stehen somit in keiner unmittelbaren Beziehung
zueinander. Aufgrund dieser Rahmenbedingungen ist in der
Sammelwerbung eine sehr große Spanne an kommunikationspoli-

---

[49] Vgl. Pradel (2001), S. 60

13

tischen Kooperationen möglich, deren Basis stets eine gemeinsame Zielgruppe voraussetzt. Oftmals führt auch erst der Weg über das Erkennen der Zielgruppengleichheit zu einer Sammelwerbung.[50] Ein Beispiel hierfür ist die nebenstehende Anzeige der studentischen Vereinigung „Marketing zwischen Theorie und Praxis e. V." (MTP), die von unterschiedlichen Unternehmen gefördert wird. Die Unternehmen erhoffen sich durch diese Werbung einen besonderen Zugang zu den Studenten zu erlangen und so qualifiziertes Personal zu werben.

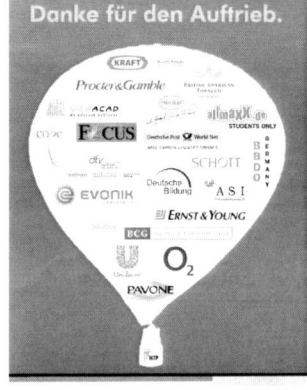

Abb. 8: Sammelwerbung
Quelle: Homepage MTP[51]

Als Sonderform der Sammelwerbung kann das **laterale Co-Advertising** genannt werden. Seine Merkmale sind identisch mit denen der Sammelwerbung, mit der Ausnahme, dass hier lediglich zwei gleichstarke Partnermarken kooperative Werbung betreiben.[52] Ein aktuelles Beispiel für ein laterales Co-Advertising ist die Kooperation von Kleenex und LEGO. Bei dieser Kooperation können mit drei gesammelten Strichcodes von den Verpackungen verschiedener Kleenex Kosmetik- oder Taschentücher ausgewählte Lego Artikel zu einem besonderen Vorzugspreis bestellt werden.

---

[50] Vgl. Kunze (2002), S. 6
[51] Vgl. Homepage MTP. Online im Internet: URL: http://www.mtp.org [05.05.2008].
[52] Vgl. Baumgarth/Feldmann (2002), S. 10; Horn (2004), S. 8

Jetzt reinschauen:
LEGO® Spielespaß mit Kleenex®!

Abb. 9: Laterales Co-Advertising von Kleenex und Lego

Quelle: Homepage Kleenex[53]

Im Folgenden werden die oben beschriebenen Formen des Co-Advertising mit ihren ausschlaggebenden Merkmalen noch einmal zur bessern Übersicht tabellarisch zusammen gefasst:

Formen des Co-Advertising	Ausschlaggebendes Merkmale
1. Gruppenwerbung	- mehr als zwei Markenhersteller - substitutives Beziehungsverhältnis
Sonderform von 1. Multiples Co-Advertising	- mehr als zwei Markenhersteller der gleichen Wirtschaftsstufe - substitutives Beziehungsverhältnis ist nicht gegeben
2. Verbundwerbung	- zwei Markenhersteller - komplementäres Beziehungsverhältnis
Sonderform von 2. Empfehlungs- / Endorsement-werbung	- Aussprache einer Empfehlung - gleiche Zielgruppe - ungleichberechtigter Markenauftritt
3. Sammelwerbung	- mehr als zwei Markenhersteller, - laterales Beziehungsverhältnis
Sonderform von 3. Laterales Co-Advertising	- zwei Markenhersteller - laterales Beziehungsverhältnis

Tab. 1: Übersicht der Formen des Co-Advertising

Quelle: Eigene Darstellung

---

[53] Homepage Kleenex, URL: http://www.kleenex.com/de/lego/lego2.html [20.04.2008]

15

4. Chancen, Risiken und Erfolgsfaktoren des Co-Advertising

Die heutigen Märkte sind geradezu überschwemmt von Marken-produkten und Dienstleistungen, ohne dass ein Ende in Sicht ist.[54] Ein Blick auf die Markenstatistik des Deutschen Patent und Marken Amtes (DPMA) verdeutlicht dieses stetige Wachstum.

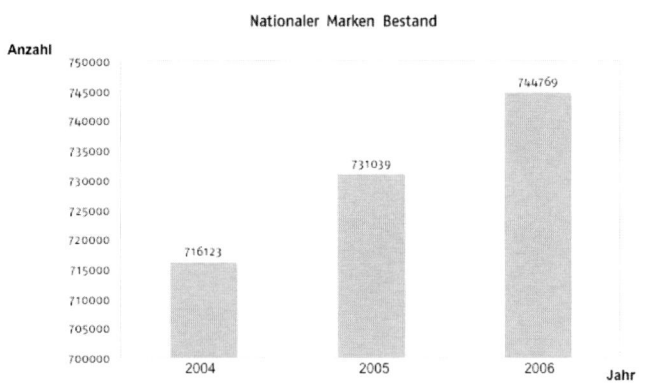

Abb. 10: Entwicklung des nationalen Markenbestandes
Quelle: Eigene Darstellung, Zahlenmaterial des (DPMA)[55]

Unter derartigen Wettbewerbsbedingungen ist es nicht verwunder-lich, dass die Kosten der Markenführung in die Höhe schnellen und es für Unternehmen immer schwieriger wird echte und dauer-hafte Präferenzen wie Sicherheit, Qualität und Exklusivität bei den Verbrauchern aufzubauen.[56]

4.1. Chancen des Co-Advertising

Durch eine Kooperation auf Kommunikationsebene, wie sie das Co-Advertising bietet, haben Unternehmen verschiedene Chancen

---

[54] Feige/Brockdorff (2006), S. 40
[55] Deutsches Patent und Markenamt, Geschäftsberichte 2005, 2006. Online im Internet: URL:
http://presse.dpma.de/docs/pdf/jahresberichte/1/dpma_jb_2006.pdf
[56] Vgl. Baumgarth/Feldmann (2002), S. 5

und Möglichkeiten dem Wachstums- und Kostendruck entgegen zu wirken und sich von Wettbewerbern zu differenzieren.

Die Nutzung von Synergien[57] und die Zusammenlegung von Werbebudgets[58] ermöglichen es den Unternehmen Kommunikationsmaßnahmen wie z. B. aufwendige TV-Spots effizient und kostengünstig umzusetzen. Durch das Zusammenwirken der beteiligten Marken kann eine besondere Werbebotschaft geschaffen werden, die für einen gewissen Überraschungseffekt sorgt und dadurch höhere Aufmerksamkeitswerte erzielt.[59] Durch diesen Überraschungseffekt und die Kombination zweier Marken lassen sich ebenfalls neue Zielgruppen[60] ansprechen. In einem Interview in der Absatzwirtschaft erklärte Dr. Stephan Feige: „Konsumenten muss man überraschen, nicht bloß informieren." Weiter sagte er, dass das Beste aus zwei Markenwelten nur dann wirksam neue Zielgruppen erschließen kann, wo das überraschte „Ach die sind zusammen?" nicht in ein verblüfftes „Wieso um alles in der Welt?" umschlägt.[61]

Dadurch, dass der Konsument mit einer Marke bestimmte Eigenschaften und Attribute verbindet, können durch den gemeinsamen werblichen Auftritt zweier Marken wichtige Informationen und Merkmale verbunden werden. Dies führt dazu, dass bestimmte Assoziationen von einer Marke auf die andere übertragen werden und so ein Image- bzw. ein Qualitätstransfer vollzogen werden kann.[62]

Eine weitere Chance und somit auch Ziel des Co-Advertising bestehen darin, die Glaubwürdigkeit der Kommunikation durch andere Marken zu erhöhen und somit der grundsätzlichen Skepsis der

---

[57] Vgl. Vilmar (2006), S. 46
[58] Vgl. Baumgarth/Feldmann (2002), S. 5
[59] Vgl. Gutknecht (2008), S. 189
[60] Vgl. Scharnowski (2006), S. 45
[61] Willhardt (2007), S. 40, (Dr. Stephan Feige ist Beratungs-Spin-off des Marketinglehrstuhls der Universität St. Gallen)
[62] Vgl. Baumgarth/Feldmann (2002), S. 5; Huber (2005) S. 29

Konsumenten gegenüber Werbung entgegen zu wirken.[63] Nach verschiedenen Einschätzungen von Führungskräften aus unterschiedlichen Branchen betreffend der Ziele und Chancen von Co-Branding, Marketing- und Markenkooperationen, aus dessen Bereichen grundsätzlich die Ziele des Co-Advertising abgeleitet werden, stehen folgende Ziele im Vordergrund: Der Zugang zu neuen Märkten und Zielgruppen[64], das Herbeiführen von positiven Imageeffekten[65] sowie die Senkung der Kosten[66]. Im Anhang sind die verschieden Studienergebnisse abgebildet. Tab. 2 fasst die Chancen und Ziele des Co-Advertising zusammen und unterteilt sie in ökonomische und psychologische Werbeziele.

Ökonomische Werbeziele:	Psychologische Werbeziele:
• Steigerung der Umsatzerlöse • Kostenreduktion, Budgetvorteile • Synergieeffekte nutzen • Erschließung neuer Märkte / Zielgruppen • Steigerung des Bekanntheitsgrads • Neue, zusätzliche Distributionspunkte • Steigerung des pro Kopf Verbrauchs • Generierung neuer Verwendungsmöglichkeiten	• Kompetenztransfer • Image-, Qualitätstransfer • Stärkung der Marke / Branchensituation • Überraschungseffekt • Mehrwert für Kunden • Anpassung an veränderte Kundenanforderungen • Erhöhung der Glaubwürdigkeit

Tab. 2: Übersicht der ökonomischen und psychologischen Werbeziele

Quelle: Eigene Darstellung

4.2. Risiken des Co-Advertising

Trotz der vielen Möglichkeiten und Vorteile die das Co-Advertising bietet, darf nicht verkannt werden, dass dem Erfolg auch diverse Risiken und zahlreiche Unwägbarkeiten gegenüberstehen. Im wei-

---

[63] Vgl. Horn (2004), S. 6
[64] Vgl. Meffert (2004), S. 3 f.
[65] Vgl. Gaiser/Trittler (2005), S. 455
[66] Vgl. Vilmar (2006), S. 48

teren Verlauf werden verschiedene Problembereiche aufgezeigt, die die Risiken des Co-Advertising verdeutlichen sollen.

Effizienzprobleme: Werbekooperationen sollen grundsätzlich die Werbeeffizienz durch die Zusammenlegung von Werbebudgets steigern. Man darf jedoch nicht vergessen, dass sich durch die höhere Zahl beteiligter Stellen die organisatorische Effizienz durch längere Abstimmungs- und Entscheidungsprozesse verringert.[67] Des Weiteren kann eine Effizienzminderung durch zusätzliche Kooperations- und Transaktionskosten entstehen.[68]

Markt- oder Zielgruppenprobleme: Auf dem gleichen Wege wie positive Imagetransfers entstehen können, können negative Ausstrahlungseffekte als Folge von Problemen oder Skandalen einer Partnermarke zu Schädigungen des Markenimage der beteiligten Marke führen.[69] Ein fehlender Marken Fit kann Konsumenten verwirren und kognitive Dissonanzen auslösen.[70] Das wiederum kann eine Verwässerung des Markenkerns sowie das Aufweichen der eigenen Positionierung zur Folge haben.[71]

Wettbewerbsprobleme: Der Verlust von Know-how und von wettbewerbsrelevanten Informationen, die durch die Zusammenarbeit an die Konkurrenten gelangen, kann zum Verlust von Wettbewerbsvorteilen führen.[72] Hinzu kommt die noch immer vorherrschende Konkurrenz-Mentalität, bei der jeder versucht den anderen zu übervorteilen.[73]

Abhängigkeitsprobleme: Durch die Abstimmungserfordernisse innerhalb der Kooperation ergibt sich für das einzelne Unternehmen ein Autonomieverlust gegenüber individuellem Handeln. Der

---

[67] Vgl. Hermanns/Lindemann (1993), S. 75
[68] Vgl. Scharnowski (2006), S. 45
[69] Ebenda, S. 45
[70] Vgl. Himmel (2002), S. 34
[71] Vgl. Vilmar (2006), S. 74
[72] Vgl. Hermanns/Lindemann (1993), S. 75
[73] Vgl. Baumgarth (2003), S. 4

daraus entstehende reduzierte Handlungsspielraum wird umso größer, je mehr Aufgaben an den Kooperationspartner delegiert werden.

Rechtliche- und Kartellrechtliche Probleme: Mit dem Co-Advertising hängen auch rechtliche Probleme zusammen. Diese reichen von speziell durch die Kooperation verursachte Fragen (z. B. wettbewerbsrechtliche Unbedenklichkeit) bis hin zu allgemeinen rechtlichen Beschränkungen im Marketing, die auch kooperative Aktivitäten begrenzen können (z. B. Zugabenverordnung).[74]

Finanzielle Probleme: Ein finanzielles Risiko stellt die Zahlungskrise eines Partners dar. Geht diese so weit, dass der betreffende Partner die Zusammenarbeit nicht aufrechterhalten kann, dann ist zwangsläufig auch der andere Partner von der Umstrukturierung betroffen.[75]

Als letzten Problembereich ist die **nicht zueinander passende Unternehmenspersönlichkeit und –kultur** als besonderes Risiko zu nennen. Wie bei Menschen sind auch in der Unternehmens- und Markenwelt Konstitutionen denkbar, bei denen die Charakteren und Kulturen einfach nicht miteinander harmonieren. Da die partnerschaftliche Zusammenarbeit enorm wichtig ist, kann die Inkompatibilität von Werten und Einstellungen dazu führen, dass die Kooperation scheitert.[76]

---

[74] Vgl. Hermanns/Lindemann (1993) S. 76
[75] Vgl. Kiesow (2006), S. 87
[76] Vgl. Vilmar (2006), S. 73

Die nachfolgende Übersicht fasst die risikobehafteten Problemfelder des Co-Advertising zusammen:

Risikobehaftete Problemfelder:	Risiken:
• Effizienzprobleme:	• Längere Abstimmungs- und Entscheidungsprozesse • Kooperations- und Transaktionskosten
• Markt- oder Zielgruppenprobleme:	• Negative Ausstrahlungseffekte • Irritation der Verbraucher • Verwässerung des Markenkerns • Aufweichen der eigenen Positionierung
• Wettbewerbsprobleme:	• Verlust von Know-how und wettbewerbsrelevanten Informationen • Konkurrenz-Mentalität
• Abhängigkeitsprobleme:	• Autonomie- und Kontrollverlust • Reduzierter Handlungsspielraum
• Rechtliche- und Kartellrechtliche Probleme:	• Wettbewerbsrechtliche Unbedenklichkeit • Allgemeine rechtliche Beschränkungen • Haftungsrisiken
• Finanzielle Probleme:	• Zahlungskrise eines Partners
• Unternehmenspersönlichkeiten und –kulturen passen nicht	• Konflikte zwischen den beteiligten Unternehmen • Inkompatibilität von Werten und Einstellungen

Tab. 3: Übersicht der risikobehafteten Problemfelder
Quelle: Eigene Darstellung

4.3.   Erfolgsfaktoren des Co-Advertising

Bei Marken- und Werbekooperationen gibt es bisher noch keine abschließende Auflistung aller Faktoren, deren Einhaltung den Erfolg einer Partnerschaft vorhersagen lässt.[77] Dennoch lassen sich wesentliche Erfolgsfaktoren bestimmen. In der schon vorher erwähnten Studie „Marktorientiertes Wachstum durch Marketing-

---

[77] Vgl. Vilmar (2006), S. 84

kooperationen"[78] werden sieben Faktoren genannt, die nach Ansicht der Unternehmen den Erfolg von Marketingkooperationen am stärksten beeinflussen.

Abb. 11: Erfolgsfaktoren von Marketingkooperationen

Quelle: Sempora Management Consulting, Noshokaty, Döring & Thun, Studie 2007, S. 11

Fasst man diese in einen idealtypischen Prozess zusammen, lassen sich drei wesentliche Phasen unterscheiden: Konzeption, Realisierung und das Management von Kooperationen.[79] Im weiteren Verlauf werden die sieben Erfolgsfaktoren dieser Studie in den jeweiligen Phasen beschrieben und darüber hinaus durch weitere Faktoren, die der Fachliteratur entnommen sind, ergänzt.

Phase 1. Konzeption

Gemäß der oben genannten Studie geben 85 Prozent der Unternehmen die „Entwicklung eines attraktiven & differenzierenden Kooperationskonzepts (inklusive Kundennutzen)"[80] als Faktor an, der am stärksten den Erfolg beeinflusst. Dies setzt jedoch eine kooperationsorientierte Situationsanalyse des Unternehmens in

---

[78] Sempora Management Consulting/Noshokaty, Döring & Thun (2007)
[79] Vgl. Huber/Thun (2007), S. 46
[80] Sempora Management Consulting/Noshokaty, Döring & Thun (2007), S. 11

22

den Bereichen Markt, Kunden, Wettbewerb und Unternehmen voraus.[81] In dieser Analyse ist es wichtig, sich einerseits die internen Stärken und Schwächen des Unternehmens bewusst zu machen und sich andererseits einen Überblick über die wesentlichen unternehmensexternen Einflussgrößen zu schaffen, um diese hinsichtlich der Marktchancen und -risiken zu analysieren.[82] Die Datenerhebung geschieht durch eine systematische Marktforschung (Primär- und Sekundärforschung).[83]

Nachdem nun die Basis für die konzeptionelle Phase geschaffen ist, können die Ziele der kooperativen Werbung unter Berücksichtigung der Markenstrategie und der Situationsanalyse festgelegt werden.[84] Die Zielsetzung ist daher so entscheidend, da sie sich sowohl auf die Entwicklung einer Kooperationsidee als auch auf die anschließende Partnerwahl auswirkt. Mögliche Ziele des Co-Advertising sind u. a. die Erschließung neuer Märkt/Zielgruppen, die Steigerung des Bekanntheitsgrads, Senkung von Kosten, die Generierung neuer Verwendungsmöglichkeiten und Imagetransfers. Weitere Beispiele sind im Kap. 4.1. Chancen des Co-Advertising zu finden.

Sind die Zielsetzungen klar und messbar formuliert und auch durch eine Kooperation erreichbar, kann nun der vorteilhafteste Kommunikationstyp aus den folgenden Möglichkeiten ausgewählt werden:[85] Gruppenwerbung, Verbundwerbung, Sammelwerbung, multiples Co-Advertising, Empfehlungs-/Endorsementwerbung und laterales Co-Advertising. Diese Formen sind im Abschnitt 3. Formen des Co-Advertising genauer erläutert. Nach der Bestimmung der Kommunikationsform werden die Ergebnisse der am Anfang durchgeführten Situationsanalyse erneut für die Gene-

---

[81] Vgl. Kunze (2002), S. 8
[82] Vgl. Bruhn (2001), S. 43 ff.
[83] Vgl. Kunze (2002), S. 8
[84] Vgl. Scharnowski (2006), S. 76
[85] Vgl. Kunze (2002), S. 7

rierung einer aussichtsreichen Kooperationsidee sowie eines An-forderungsprofil an die Partnermarke herangezogen.[86]

Die „Entwicklung einer innovativen/kreativen Kooperationsidee" ist laut der bereits zitierten Studie mit 74 Prozent ein weiterer wichtiger Erfolgsfaktor.[87] Ausgehend von den Möglichkeiten, die das Geschäftsmodell des Unternehmens bietet und in Abhängig-keit der gesetzten Ziele, ist die Kooperationsidee so zu konkreti-sieren, dass sie sowohl umsetzbar als auch Erfolg versprechend ist, einen eindeutig nachvollziehbaren Zusatznutzen für den Kun-den beinhaltet[88] und attraktiv für potenzielle Partner ist.[89] Folglich ist es wichtig, die Kooperation nicht nur aus der eigenen Perspek-tive zu betrachten sondern auch die Sichtweise des Wunschpart-ners einzunehmen und ein ausgeglichenes Verhältnis von „Ge-ben" und „Nehmen" zu schaffen.[90] Die Anforderungen an den Partner lassen sich von den Zielen und der Kooperationsidee ab-leiten. Ist das Ziel bspw. eine Marke hinsichtlich einer bestimmten Imagedimension zu stärken oder zu erweitern, so sind diese Posi-tionierungseigenschaften als Anforderung an eine mögliche Part-nermarke zu sehen.[91]

Die Ermittlung eines oder mehrerer geeigneter Partner zur Durch-führung einer kooperativen Werbung gehört zu den elementaren Handlungen in der Konzeptionsphase, da sie entscheidend den Gesamterfolg der Kooperation mitbestimmt.[92] Die „Identifikation geeigneter potenzieller Partner" ist gemäß der verwendeten Studie mit 76 Prozent einer der zentralen Erfolgsfaktoren bei Marketing-kooperationen. Dieser Partner ist anhand des Anforderungsprofils sowie in einer systematischen Analyse des Marken-, Leistungs-und Zielgruppen-Fits (siehe nachstehende Erläuterungen) zu iden-

---

[86] Vgl. Scharnowski (2006), S. 74
[87] Sempora Management Consulting/Noshokaty, Döring & Thun (2007), S. 11
[88] Vgl. Scharnowski (2006), S. 77
[89] Vgl. Huber/Thun (2007) S. 46
[90] Vgl. Vilmar (2006), S. 84, S. 106
[91] Vgl. Scharnowski (2006), S. 77
[92] Vgl. Kunze (2002), S. 8

tifizieren und nicht nach dem „sympathiegetriebenen Entschei-
dungsmodus von Managern die nach dem Motto ‚Wen kenne ich'
und ‚mit wem mag ich zusammen arbeiten' handeln."[93] Da das
Gelingen oder Scheitern von Kooperationen jedoch nicht zuletzt
von den beteiligten Menschen abhängt, spielen Sympathie, Ver-
trauen und eine gewisse Qualität der persönlichen Beziehung eine
nicht unwesentliche Rolle.[94]

Marken-Fit

Der Marken-Fit bezieht sich auf die Kompatibilität der beteiligten
Markenkonzepte aus Sicht der Konsumenten[95] und stellt dadurch
eine bedeutende Erfolgsgröße des Co-Advertising dar.[96] Dieser Fit
beschreibt die Fähigkeit des Konsumenten, eine gedankliche Verbindung zwischen den in der kooperativen Werbung beteiligten
Marken aufzubauen und Imagemerkmale zu transferieren.[97] Er-
scheint dem Konsumenten die Markenverknüpfung logisch und
nachvollziehbar, kann von einem hohen Marken-Fit und somit von
einer positiven Einstellung zur Werbekooperation ausgegangen
werden.[98] Liegt ein geringer Fit zwischen den beiden Marken vor,
so wird auch das Co-Advertising negativ beurteilt. In diesem Fall
ist der Konsument nicht in der Lage, den gemeinsamen Auftritt
durch eine subjektive Theorie zu erklären, was ihn frustriert und zu
einer negativen Beurteilung veranlasst.[99] Da eine kooperative
Werbung mit einem hohen Marken-Fit gegenüber einer kooperativen Werbung mit einem geringeren Fit zu einer besseren Beurteilung führt, ist die entscheidende Erfolgsvorrausetzung für das Co-
Advertising in einem hohen Marken-Fit zu sehen und darin, eine
solche Partnermarke auszuwählen die dieses gewährleistet.[100]

---

[93] Willhardt (2007), S. 41
[94] Vgl. Vilmar (2006), S. 85
[95] Vgl. Scharnowski (2006), S. 53
[96] Vgl. Baumgarth/Feldmann (2002), S. 12
[97] Vgl. Horn (2004), S. 9
[98] Vgl. Scharnowski (2006) S. 53
[99] Vgl. Baumgarth/Feldmann (2002), S. 14
[100] Vgl. Friese-Greene (2004) S. 56 f.

Leistungs-Fit

Unter dem Leistungs-Fit ist die Markenkompetenz, das Marken-image und der Bekanntheitsgrad der Partnermarke zu verstehen sowie der Kooperationsnutzen der aus diesen drei Merkmalen ge-schlossen werden kann.

Jede Marke besitzt aufgrund ihrer unternehmerischen Herkunft oder Markenposition eine gewisse Markenkompetenz und Mar-kenstärke. So steht bspw. die Marke Siemens für ihr Know-how im Bereich technischer Haushaltsgeräte. Dieses Potenzial lässt sich gezielt im Rahmen des Co-Advertising nutzen.[101] Marken besitzen jedoch nicht nur Markenkompetenzen, sondern sie verfügen auch über ein gewisses Markenimage. Dieses beinhaltet die vom Kun-den subjektiv wahrgenommenen und mit einer Marke assoziierten Vorstellungen, Einstellungen, Meinungen und Werthaltungen[102] und ist die hinreichende Bedingung für den Markenerfolg.[103] Durch den Imagetransfer, den Co-Advertising möglich macht, kann die Kooperation suchende Marke entweder das eigene Markenimage stärken oder Unzulänglichkeiten und Schwächen des Markenbil-des eliminieren.[104] Der Bekanntheitsgrad eines starken und etab-lierten Werbepartners leistet einen erheblichen Vorteil, wenn er vordergründig das Ziel verfolgt die Bekanntheit der eigenen Marke zu stärken. Dies gilt z. B. für Marken, die neu auf den Markt kom-men als auch für solche, die bereits längere Zeit am Markt beste-hen, jedoch noch nicht die gewünschte Aufmerksamkeit der Kon-sumenten erzielt haben.[105]

Bei der Auswahl eines attraktiven Co-Advertising-Partners ist demnach darauf zu achten, dass der Kooperationsnutzen für bei-de Marken als auch für den gewünschten Sachverhalt optimal ist.

---

[101] Vgl. Baumgarth/Feldmann (2002), S. 15
[102] Vgl. Ohlwein/Schiele (1985), S. 576
[103] Vgl. Esch (2005), S. 73
[104] Vgl. Horn (2004), S. 11
[105] Vgl. Baumgarth/Feldmann (2002), S. 16

Dies kann dann erreicht werden, wenn die für den gewünschten Sachverhalt vorliegende Kompetenz vorhanden ist, das Image passt und der Bekanntheitsgrad hoch ist.

Zielgruppen-Fit

Ein weiteres wichtiges Auswahlkriterium stellt der Zielgruppenabgleich dar. Um erfolgreich zu sein, sollten die Zielgruppen gewisse Überschneidungen aufweisen, sie müssen jedoch nicht identisch sein.[106] Ist die Gewinnung neuer Kundengruppen das primäre Ziel der Werbekooperation, ist auf eine hinreichend große Ähnlichkeit der Zielgruppe zu achten. Dadurch ist eine gemeinsame Ansprache der Konsumenten möglich.[107] Die Entscheidung für einen Kooperationspartner mit unterschiedlichen Zielgruppen würde zwar die Ausdehnung der eigenen fördern, jedoch würde sie auf den Konsumenten widersprüchlich und unglaubwürdig wirken. Daher ist es sinnvoll, einen Partner zu suchen, dessen Zielgruppen sich von den eigenen nur leicht unterscheiden bzw. die sich gegenseitig ergänzen und somit hohe Überschneidungen aufweisen.[108] Besteht das Kernziel der Kooperation darin, einen Zusatznutzen für die eigene Zielgruppe zu bieten, die Markenloyalität zu erhöhen und sich von Konkurrenten abzuheben, sollten beide Käuferschichten übereinstimmen.

Ein weiterer Erfolgsfaktor der zum Gelingen der Werbekooperation beiträgt und bei der Suche nach einem geeigneten Werbepartner zu berücksichtigen ist, ist die „organisatorische Verträglichkeit" oder der „Fit der Marketingkulturen".[109] Beim Co-Advertising arbeiten entweder mehrere Unternehmen oder verschiedene Marken eines Unternehmens zusammen, die meistens unterschiedliche Strategien hinsichtlich der Markenführung verfolgen. Um den Er-

---

[106] Vgl. Himmel (2002), S. 31
[107] Vgl. Gaiser/Trittler (2005), S. 457
[108] Vgl. Baumgarth/Feldmann (2002), S. 26
[109] Vgl. Vilmar (2006), S. 97

folg des Co-Advertising sicherzustellen, muss darauf geachtet werden, dass sich Strategien sowie die strategischen Positionierungen der betroffenen Marken in Einklang miteinander vereinbaren lassen.[110] Des Weiteren können konträre Unternehmenskulturen und Managementstile die Ursache dafür sein, dass Werbekooperationen selbst bei einem perfekten Marken-, Leistungs- und Zielgruppen Fit scheitern.[111] D. h., je größer die strategische und organisatorische Kompatibilität zwischen den beteiligten Partnern ist, desto positiver ist der Einfluss auf die Effizienz und den Erfolg der Werbekooperation.[112]

Nachdem anhand der oben genannten Auswahlkriterien verschiedene potentielle Partnermarken ausgewählt wurden, die das Mindestanforderungsprofil erfüllen, muss nun diese Gruppe durch eine Vorselektion eingegrenzt werden. Diese Beurteilung kann anhand der am stärksten gewichteten Anforderungsmerkmale erfolgen. Im Anschluss an diesen Prüfschritt schließt eine umfangreiche Konsumentenbefragungen an, um verbleibende potenziellen Partner sowie die Co-Advertising-Idee zu testen.

Ist der Wunschpartner ausgewählt, muss nun die Kooperation angebahnt und umgesetzt werden.[113] Als Erfolgsfaktor dafür gaben 70 Prozent der Unternehmen in der zuvor erwähnten Studie die Gewinnung und Überzeugung eines Partners von dem Konzept an.[114] Um das zu erreichen, müssen zunächst Kontakte hergestellt und Vorgespräche mit den Entscheidungsträgern der als geeignet identifizierten potenziellen Partnerunternehmen geführt werden.[115] In diesem Gespräch sollte vor allem die Austauschbeziehung betont und dem Gegenüber offsichtlich werden, was er durch die mögliche Kooperation dazu gewinnt. Hat man seinen Partner

---

[110] Vgl. Baumgarth/Feldmann (2002), S. 20
[111] Vgl. Vilmar (2006), S. 97
[112] Vgl. Baumgarth/Feldmann (2002), S. 20
[113] Vgl. Huber/Thun (2007), S. 46
[114] Sempora Management Consulting/Noshokaty, Döring & Thun (2007), S.11
[115] Vgl. Huber/Thun (2007), S. 46

überzeugt, kann im weiteren Verlauf das Konzept gemeinsam näher spezifiziert werden.[116] Hierbei ist besonders die Budgetplanung zu berücksichtigen und ihre Aufteilung festzusetzen.[117] Ferner sind die Rechte und Pflichten beider Kooperationspartner darzulegen, um potentielle Probleme und Konflikte im Vorfeld zu bedenken und auszuräumen. Bei mittel- und langfristigen Kooperationen sind schriftliche Vereinbarungen unumgänglich, da sie die eventuell später auftretenden Konflikte schlichten oder sogar einen Rechtsstreit vermeiden können.[118]

Phase 2. Realisierung und Etablierung

Anhand der Studie „Marktorientiertes Wachstum durch Marketingkooperationen" wird ebenfalls deutlich, dass der Erfolg einer Kooperation mit am stärksten von ihrer ganzheitlichen Umsetzung (z. B. Projektmanagement) beeinflusst wird. Mit 81 Prozent schätzten die Unternehmen diesen Punkt als so erfolgsabhängig ein, dass er bereits auf Platz zwei der Bewertung zu finden ist.[119]

Ein weiterer Erfolgsfaktor während der Realisierung und Etablierung ist die Vermarktung der Kooperation, wie es 68 Prozent der Unternehmen in der Studie angaben. Die umgesetzte und gestaltete kooperative Werbung soll die Aufmerksamkeit der Verbraucher auf die wesentlichen Markeneigenschaften lenken sowie eine sinnvolle Verbindung zwischen den beteiligten Marken erkennen lassen. Darüber hinaus sollte der Zusatznutzen der Partnerschaft für die Verbraucher in kurzer Zeit einfach zu verstehen sein und klar kommuniziert werden.[120] Bei der Gestaltung der Werbemittel, sei es über die Produktverpackung, Anzeigen, Fernsehspots usw., ist sicherzustellen, dass die Verbraucher alle beteiligten Marken wahrnehmen. Die Anordnung der Markennamen als Verbindung

---

[116] Ebenda, S. 46
[117] Vgl. Hermanns/Lindemann (1993), S. 80
[118] Vgl. Kunze (2002), S. 15
[119] Sempora Management Consulting/Noshokaty, Döring & Thun (2007), S. 11
[120] Vgl. Thun (2004), S. 29

direkt hintereinander oder die Überlagerung der Logos führt dabei zu dem Risiko, dass die Marken nicht getrennt sondern als gemeinsame Marke wahrgenommen werden könnten. Eine offensichtlich getrennte Positionierung ist demnach empfehlenswert. Soll durch das Werbemittel die Zusammengehörigkeit der Marken noch stärker hervortreten, so kann z. B. ein Slogan eingesetzt werden, der auf beide Marken zutrifft und sich dem Verbraucher leicht erschließt.[121]

Phase 3. Management

„Mangelnde Kontinuität in der Projektbetreuung" gaben 73 Prozent der Unternehmen in der Studie als Grund an, warum Kooperationen scheitern. Obwohl die kooperierenden Unternehmen ihre Marketingziele in der langen Phase der Konzeption festgelegt und somit sehr klare Vorstellungen über die Werbekooperation entwickelt haben, wird in ca. zwei Drittel aller Unternehmen ihr Erfolg bisher nicht systematisch erfasst. Da die Kooperation allerdings nicht alleine durch die vertragliche Vereinbarung zustande kommt sondern danach erst „mit Leben gefüllt" werden muss, kommt dem Management der Kooperation eine entscheidende Bedeutung zu. Ihr primäres Ziel ist es nämlich, sämtliche Kooperationsaktivitäten so zu steuern, dass sie stets zur Erreichung der Marketingziele beitragen. [122]

Grundsätzlich sollte daher auf Basis der Zielsetzung ein Business Case erstellt werden, an dem sich in der Realisierungsphase der Erfolg der Kooperationsaktivitäten kontinuierlich messen und somit steuerbar machen lässt. Ein Business Case deckt die unterschiedlichen Wirkungsfelder von Marketingkooperationen ab und ermöglicht präzise Zielsetzungen sowie stetige Kontrollierbarkeit während der Umsetzung. Planabweichungen werden auf diese Weise frühzeitig festgestellt. Durch eine zeitnahe gemeinsame Analyse

---

[121] Vgl. Redler (2003), S. 214 ff.
[122] Vgl. Huber/Thun (2007), S. 46 f.

der Ursachen und Handlungsmöglichkeiten können beide Partner gezielt steuernd eingreifen. Spezifische Messansätze und Systematiken, die eine detaillierte Erfolgsmessung während der Kooperation und somit auch eine gezielte Steuerung ermöglichen,[123] sind also für den Erfolg des Co-Advertising von enormer Bedeutung. Diese Erfolgsmessungen erfolgen sowohl im Bereich der operativen als auch der strategischen Kontrolle.

Die operative Kontrolle ist eine Ergebnis- als auch Wirtschaftlichkeitskontrolle. Sie ermittelt den Erfolg der Werbemaßnahme durch einen Soll/Ist-Vergleich der Plan- und Ergebnisdaten.[124] Zielabweichungen können so realisiert und analysiert werden, Korrekturmaßnahmen eingeleitet und Lernprozesse ermöglicht werden. Die strategische Kontrolle hingegen, ist eine Durchführungs- und Wirksamkeitskontrolle.[125] Sie stellt z. B. die qualitativen Rahmenbedingungen in Frage,[126] analysiert die Umsetzung der Strategie und beurteilt, ob ihre Ziele nach wie vor gelten.[127] Die Kooperationskontrollen verfolgen dabei die nachstehenden grundsätzlichen Funktionen:

1. *Bestimmung und Bewertung der Zielerreichung:* Unternehmensinterne Faktoren (z. B. Arbeitsverzögerung) und/oder veränderte Umfeldbedingungen (z. B. Nachfragerückgang) führen oft zu Diskrepanzen zwischen den erwarteten und tatsächlich generierten Ergebnissen. Die Ursachen dafür gilt es zu untersuchen und zu analysieren.

2. *Überprüfung von Wirtschaftlichkeit und Arbeitsintensität:* Es muss ständig kontrolliert werden, ob der vorgegebene Finanzrahmen eingehalten wird, wie die Kooperationsmaßnahmen realisiert

---

[123] Ebenda S. 47
[124] Vgl. Hermanns/Lindemann (1993), S. 82 f.
[125] Vgl. Scharnowski (2006), S. 86 f.
[126] Vgl. Hermanns/Lindemann (1993), S. 83
[127] Vgl. Scharnowski (2006), S. 86 f.

werden und ob der Arbeitsaufwand optimiert werden kann (z. B. durch eine adäquate Arbeitsteilung).

3. *Frühwarnung und Entscheidungsunterstützung:* Unvorhergesehene Probleme können durch das frühzeitige Aufdecken von nicht realisierbaren Zielvorgaben, veränderten Rahmenbedingungen oder getroffenen Fehlentscheidungen erkannt und behoben werden. Die daraus gewonnenen Erkenntnisse wirken sich entscheidungsunterstützend auf die anschließend zu ergreifenden Maßnahmen aus.[128]

Um eine erfolgreiche Steuerung und Kontrolle der Co-Advertising-Aktivitäten zu gewährleisten, müssen die Aufgaben und Zuständigkeiten klar organisatorisch abgesteckt und eindeutig kommuniziert werden, bspw. in Gestalt einer eigenen Organisationseinheit.[129] Dabei müssen sämtliche involvierte Abteilungen beider Partner gesteuert werden. Nur so wird eine kontinuierliche Feinjustierung bzw. Optimierung der Kooperation garantiert.[130]

5. Managementprozess des Co-Advertising

Die oben erläuterten Erfolgsfaktoren, die innerhalb der Phasen Konzeption, Realisierung und Management näher betrachtet wurden, geben Aufschluss über die Hauptmerkmale eines erfolgreichen Co-Advertising. So wird vor allem im Bereich Konzeption deutlich, wie viele verschiedene Stufen ein Unternehmen beachten muss, um – gefolgt von der Realisierung und dem Management – einen ganzheitlichen und in sich stimmigen Managementprozess zu durchlaufen. Dabei ist besonders wichtig, dass während des gesamten Co-Advertising die Unternehmens- und Konsumentensicht in die einzelnen Prozessstufen mit einfließt.

---

[128] Vgl. Kunze (2002), S. 13 f.
[129] Vgl. Scharnowski (2006), S. 86
[130] Vgl. Huber/Thun (2007), S. 46

Grafisch lässt sich ein solcher Ablaufplan in die folgenden neun Prozessstufen zusammenfassen:

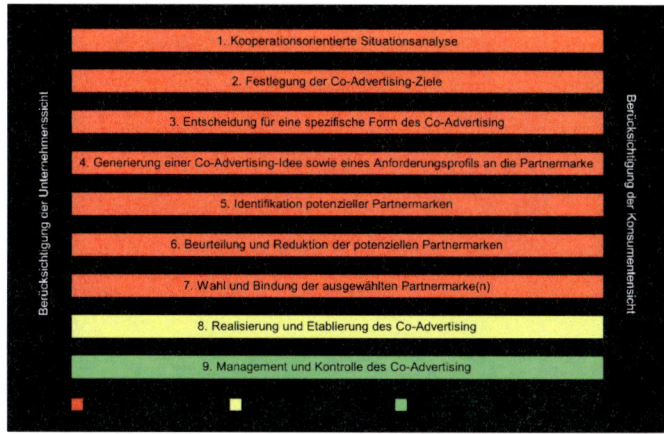

Abb. 12: Managementprozess des Co-Advertising

Quelle: Eigene Darstellung in Anlehnung an Scharnowski (2006), S. 74

Dieser Prozessablauf soll Unternehmen, die eine Werbung im Sinne des Co-Advertising durchführen wollen, helfen systematisch vorzugehen. Darüber hinaus ermöglicht dieser Managementprozess, aufgrund der hier aufgezeigten Erfolgsfaktoren, die Chancen einer solchen Werbung zu nutzen und ihre Risiken zu minimieren.

6. Konzeptionelle Anwendung des Managementprozesses am Beispiel von H&M und IKEA

In diesem Abschnitt soll die Anwendbarkeit des oben dargestellten Managementprozesses anhand eines fiktiven Beispiels spielerisch simuliert werden. Dabei wird der Fokus auf die einzelnen Stufen der Konzeptionsphase gelegt und aufgezeigt, inwiefern dieser schematische Ablauf für die Entwicklung eines Kooperationskonzeptes dienlich ist. Die ermittelten Erfolgsfaktoren werden hierbei stets einbezogen. Ein theoretischer Durchlauf kann die Anwendung des Prozesses allerdings nur grob skizzieren, da sich eine

praktische Umsetzung auf zahlreiche Analysen sowie relevante Unternehmens- und Marktdaten stützt, die den Ablauf nicht nur wesentlich detaillierter gestalten sondern erst „mit Leben füllen".

Als Kooperation suchendes Unternehmen wird der schwedische Modekonzern Hennes & Mauritz (im weiteren Verlauf kurz: H&M) herangezogen. H&M ist ein international bekanntes Unternehmen, das im Jahre 1947 in Schweden gegründet wurde und derzeit Mode und Kosmetika in über 1500 Filialen in 28 Ländern verkauft. Damen, Herren, Jugendliche und Kinder finden hier Kollektionen, die von eigenen Designern entwickelt wurden. 2007 erreichte H&M einen Umsatz von mehr als sechs Milliarden Euro. Mit dem erfolgreichen Unternehmenskonzept „Mode und Qualität zum besten Preis", will H&M seinen Kunden einzigartige Vorteile bieten und dabei immer die neuesten Modetrends anbieten.[131] Eine Reihe großer Kampagnen als auch mehrere kleine Aktionen ziehen jedes Jahr die Aufmerksamkeit der Kunden auf die neuen Kollektionen. Darunter zählen u. a. Kooperationen mit angesagten Designern wie Karl Lagerfeld, Victor und Rolf sowie Roberto Cavalli. H&M ist ein Unternehmen das auffallen will und immer auf der Suche nach neuen Möglichkeiten der Kommunikation ist.

Für das Jahr 2009 plant H&M eine neue Art der Kooperation. Um seine Kunden zu überraschen und ihnen einen Zusatznutzen zu bieten, hat sich die Werbeabteilung für eine Kampagne im Bereich des Co-Advertising entschieden. Die Konzeptionsphase gestaltet sich dabei wie folgt:

---

[131] Vgl. H&M in Kürze. Online im Internet: URL:
http://www.hm.com/filearea/corporate/fileobjects/pdf/en/RM_DOWNLOAD_F
ACTSANDHISTORY_FACTSABOUTHM_PDF_GERMAN_1209368581936.
pdf [05.05.2008]. S. 6 ff.

Zunächst analysiert H&M seine aktuelle Situation in den Bereichen Markt, Kunden, Wettbewerb und Unternehmen. Dabei wird untersucht, welche Bereiche durch eine Kooperation gestärkt werden können. Nach der Auswertung der Primär- und Sekundärdaten der hauseigenen Marktforschung stellte H&M fest, dass sie in der deutschen Gesamtbevölkerung (14 bis 64 Jahre) einen Bekanntheitsgrad von 85 Prozent und auf einen Sympathiewert von 44 Prozent erreichen. Nur Weltmarken wie Adidas, Nike oder Levi's erreichen ähnlich günstige Werte. Nichtsdestotrotz hat das Unternehmen besonders in den Bereichen Markt und Wettbewerb an Substanz verloren. Ihr Hauptkonkurrent, der spanische Inditex-Konzern zu dem auch die Modekette Zara gehört, wird neuerdings als neue Nummer eins unter Europas Modekonzernen gehandelt und verdrängt den Marktführer H&M auf den zweiten Platz. Hinzukommt, dass es immer mehr Unternehmen gibt, die es ebenfalls schaffen Mode mit einer guten Qualität zu günstigen Preisen anzubieten. H&M erkennt sein Risiko darin, dass seine Konkurrenten inzwischen vermehrt ähnliche Konzepte wie sie selbst verfolgen. Anhand von Kundenumfragen kristallisiert sich ebenfalls heraus, dass zu lange Warteschlangen an den Kassen und Umkleidekabinen sowie unübersichtliche Warenpräsentationen als Schwachpunkte gesehen werden. Im Gegensatz dazu wird die große Auswahl an erschwinglichen topmodischen Produkten sehr geschätzt.[132] Darüber hinaus sieht H&M seine Stärke im schnellen Angebotswechsel und den attraktiven Geschäftsstandorten seiner Filialen.[133] Durch eine weitere Kooperation möchte H&M erneut die Chancen der Werbung nutzen, um sich verstärkt von seinen

---

[132] Vgl. TW-Studie Einkaufsstätten-Profil 2007, Online im Internet: URL: http://www.twnetwork.de/recherche/leserservice/pages/data/Leseservice196.pdf [04.05.2008].

[133] Vgl. H&M in Kürze. Online im Internet: URL: http://www.hm.com/filearea/corporate/fileobjects/pdf/en/RM_DOWNLOAD_F ACTSANDHISTORY_FACTSABOUTHM_PDF_GERMAN_1209368581936. pdf [05.05.2008]. S. 10

Wettbewerbern zu differenzieren und seine Bekanntheit zu erhöhen.

Stufe 2 - Festlegung der Co-Advertising-Ziele

H&M setzt sich zum Ziel, durch die kooperative Werbekampagne den Umsatz in den bestehenden Filialen um 40 Prozent zu steigern. Des Weiteren sollen durch die Zusammenlegung von Werbebudgets die Kommunikationsmaßnahmen effizient und kostengünstig umgesetzt werden, so dass 30 Prozent eingespart werden. Im Bereich der Zielgruppe soll der Fokus auf junge trendbewusste Familien bis zu einem Alter von 45 Jahren mit einem geringen bis mittleren Einkommen gelegt werden. Durch die Kooperation soll der Bekanntheitsgrad von H&M von 85[134] auf 88 Prozent steigen. Hohe Erwartungen werden auch an die Erhöhung des Sympathiewertes gestellt, der von 44[135] auf 49 Prozent heranwachsen soll. Ferner soll der Co-Advertising Partner die Marke H&M in den Imagedimensionen „familienfreundlich" und „breites Sortiment für jede Lebenslage" positiv aufladen. Darüber hinaus soll der Kunde durch einen besonderen Zusatznutzen in die Lage versetzt werden, seiner Persönlichkeit noch besser Ausdruck zu verleihen. Und schließlich soll die Kooperation einen Überraschungseffekt auslösen und so mehr Kundschaft in die Filialen locken.

Stufe 3 – Entscheidung für eine spezifische Form des Co-Advertising

Nachdem H&M die kommunikative Zielsetzung erhoben hat, werden die einzelnen Ziele gemäß ihrer Priorität mit einem Multiplikator, der in seiner Gesamtsumme eins ergibt, gewichtet. Im An-

---

[134] Vgl. Stern MarkenProfile 11, Mode und Oberbekleidung, 2005. Online im Internet: URL: http://www.gujmedia.de/_components/markenprofile/mapro11/download/mapro11branchen/MaPro11_Mode_Basis.pdf [05.05.2008]. S. 21
[135] Vgl. Ebenda, S. 28

schluss daran beginnt die Bewertung der zur Auswahl stehenden Formen des Co-Advertising. Diese werden anhand eines Punkt-bewertungsverfahrens gemäß ihrer Eignung und Vorteilhaftigkeit den Zielen gegenüber beurteilt und vergleichbar gemacht. Die Nutzenaussage wird dabei in einer Rangskala zwischen eins „schlecht" und vier „sehr gut" angegeben.

Ziel-kriterien	Ge-wich-tung	Formen des Co-Advertising					
		Grup.	Multi.	Verb.	Empf.	Sam.	Lat.
Umsatz-steigerung	0,2	1	1	3	4	1	4
Kostenre-duktion	0,1	3	3	2	2	3	2
Zielgruppe	0,15	2	2	3	3	2	3
Bekannt-heitsgrad	0,05	1	1	2	2	1	3
Sympa-thiewert	0,15	1	1	2	3	1	3
Imagever-besserung	0,1	2	2	3	4	2	4
Zusatz-nutzen	0,15	1	1	3	2	1	4
Überrasch-ungseffekt	0,1	1	1	2	2	2	3
Summe	1,0						
Gesamt-nutzwert		1,45	1,45	2,6	2,9	1,55	**3,35**

Tab. 4: Punktbewertungsverfahren

Quelle: Eigene Darstellung in Anlehnung an Kunze (2002), S. 7

Nun kann für jede einzelne Kommunikationsform der Gesamtnut-zenwert errechnet werden. Die Form mit der höchsten Punktzahl ist die am vorteilhaftesten. Den höchsten Wert erreicht hier das laterale Co-Advertising, der sich aus folgender Rechnung ergibt:

$0,2 \times 4 + 0,1 \times 2 + 0,15 \times 3 + 0,05 \times 3 + 0,15 \times 3 + 0,1 \times 4 + 0,15 \times 4 + 0,1 \times 3 = \textbf{3,35}$

H&M ist von dem eindeutigen Ergebnis der Nutzwertanalyse über-zeugt und ist sich sicher, dass ihre Ziele am besten durch das la-terale Co-Advertising umgesetzt werden. Somit hat sich H&M für eine Werbekampagne mit einem gleichstarken Partner entschie-

den, der weder komplementär noch substitutiv, d. h. in keiner unmittelbaren Beziehung, zu ihm steht.

Stufe 4 - Generierung einer Co-Advertising-Idee sowie eines Anforderungsprofils an die Partnermarke

H&M ist in einem Sektor aktiv, der von internationalen Trends bestimmt wird. Deshalb müssen die Kommunikationsmaßnahmen so angelegt sein, dass sie in jedem Teil der Welt verwendet werden können.[136]

H&M möchte den Menschen die Möglichkeit geben, ihrer Persönlichkeit Ausdruck zu verleihen. Ein breites Sortiment mit vielen verschiedenen Stilrichtungen von sportlich, leger über den Business Look bis zu schick oder sogar alternativ, bietet für jeden Typ das richtige Styling. Durch eine hohe Kombinierbarkeit der Kleidungsstücke soll der Kunde in der Lage sein, sein ganz persönliches Outfit zu gestalten. Mit dazu passenden Schuhen oder Accessoires wertet er sein Outfit nicht nur auf sondern verleiht ihm auch eine ganz individuelle Note: Seine Persönlichkeit. Da dem Kunden durch die Kooperation der Zusatznutzen geboten werden soll, seiner Persönlichkeit noch besser Ausdruck zu verleihen, sucht H&M einen Werbepartner, bei dem ebenfalls der Lifestyleeffekt unterstrichen wird und der für Kreativität und eigene Entfaltung steht.

Nach einer EMNID-Umfrage sagen zwei Drittel der Bevölkerung: „Meine Einrichtung ist Ausdruck meines Lebensstils."[137] Dass die Einrichtung „Ausdruck der Persönlichkeit ist", sagen 66 Prozent

---

[136] Vgl. Die Marke H&M. Online im Internet: URL: http://www.hm.com/filearea/ corporte/fileobjects/pdf/en/RM_DOWNLOAD_FACTSANDHISTORY_FACT SABOUTHM_PDF_GERMAN_1209368581936.pdf [05.05.2008]. S. 28
[137] Vgl. IKEA Wohnreport. Online im Internet: URL: http://www.ikea.com/ms/de_DE/about_ikea/press_room/downloads/wohnrep ort.pdf [03.05.2008]

aller interviewten Männer und Frauen.[138] Wohnen ist also Lifestyle. Das eigene Zuhause nach Lust und Laune zu gestalten, Möbel auszuwählen, zu arrangieren und mit kleinen Details und Accessoires zu versehen, zeigt wie man lebt und welcher Typ man ist. Wohnen und Einrichten ist demnach die ideale laterale Branche zur Modewelt. Beide verfolgen in unterschiedlichen Bereichen gleiche Ziele und Konzepte und ergänzen sich optimal.

H&M entscheidet sich daher für eine Zusammenarbeit mit einem Möbelhersteller oder Inneneinrichter und generiert die folgende Kooperationsidee: Zusammen mit einem Möbelhersteller soll Werbung in Form von Außenwerbung (z. B. Plakate, City-Light-Poster, Verkehrsmittelwerbung), Printmedien (z. B. Beilagen in Tageszeitungen, Anzeigen in Zeitschriften) und Online-Werbung geschaltet werden. Dabei sollen zwei unterschiedliche Werbebilder geschaffen werden: 1. Möbel mit Menschen und 2. Möbel mit Mode. Bei „Möbel mit Menschen" werden unterschiedliche Lebenssituationen widergespiegelt, die der Kunde über den Tag verteilt durchläuft. Unter den vielen Möglichkeiten die hier gestaltet werden können, könnten z. B. folgende Bilder entstehen:

1. **Beim Aufstehen:** Eine Frau im H&M Nachthemd erhebt sich aus dem Bett. (Verkaufsmöglichkeit: Bett, Bettwäsche, Nachtschrank etc.)
2. **Im Badezimmer:** Eine Frau und ein Mann tragen beide einen H&M Bademantel, während er sich rasiert und sie sich die Zähne putzt. (Verkaufsmöglichkeit: Spiegelschrank, Seifenspender, Handtuchhalter, Waschbeckenunterschrank etc.)
3. **Beim Frühstück:** Die Familie sitzt zusammen zum Frühstück in der Küche. Die Mutter trägt ein Kleid aus der neuen Sommerkollektion von H&M und der Vater einen Anzug für das Büro. Der Sohn (Teenager) hat eine H&M Jeans und ein Sweatshirt an. Das Baby trägt einen Body aus Organic Cotton. (Ver-

---

[138] Ebenda, S. 19

kaufsmöglichkeiten: Tisch mit Stühlen, Sitzecke, Küchenschränke, Geschirr etc.)

4. **Im Kinderzimmer:** Die Kinder machen eine Kissenschlacht in der Kuschelecke. Das Mädchen ist ca. 8 Jahre und trägt ein Top und eine Hose. Der Junge ist ca. 6 Jahre alt und trägt ein Longsleeve und eine Jogginghose von H&M. (Verkaufsmöglichkeit: Hochbett, Spielteppich, Kissen, Bettwäsche etc.)

Ein Plakat von „Möbel mit Mode" zeigt hingegen keine Menschen sondern kombiniert z. B. einen offenen Kleiderschrank an dessen Tür ein H&M Kleid hängt oder eine Garderobe mit einem Mantel. Eine Online-Werbung könnte dabei wie folgt aussehen:

Abb. 13: Möbel mit Mode
Quelle: Homepage H&M[139]

Der Möbelhersteller hätte hier z. B. die Möglichkeit, sein Ordnungssystem anzupreisen und sein Logo zu platzieren.

Dadurch, dass die Werbeplakate die verschiedensten Lebenssituationen widerspiegeln, soll der Kunde auf das breite Sortiment von

---

[139] Homepage H&M. Online im Internet: URL:
http://www.hm.com./de/inspiration__fashion.nhtml#/top5 [08.05.2008].

H&M aufmerksam gemacht werden, dass für jede Lebenslage das passende zu bieten hat. Dabei soll H&M als besonders familienfreundlich wahrgenommen werden (= Stärkung dieser Imagedimensionen durch den Möbelhersteller). Bei H&M soll sich jeder zu Hause fühlen. Im Gegenzug soll der Werbepartner vom H&M Image profitieren „immer kreativ, topp aktuell und trendy" zu sein. Weitgehend überschneidende Zielgruppen sollen die kooperierenden Unternehmen glaubwürdig und authentisch auftreten lassen. Ferner sollten beide Partner ähnlich hohe Werte im Bekanntheitsgrad und der Sympathie besitzen, um ihre Marktpositionen auszubauen.

Abgeleitet von den Zielsetzungen sowie der Kooperationsidee stellt H&M folgende Anforderungen an das kooperierende Unternehmen:

Anforderungen an die Partnermarke

Unternehmensgröße:	International, Jahresumsatz über 6 Mrd.
Werbung:	Länderübergreifend
Zielgruppe:	Fokus auf junge trendbewusste Familien (bis 45 Jahre, geringes bis mittleren Einkommen)
Bekanntheitsgrad:	Größer als 75 Prozent
Sympathiewert:	Größer als 40 Prozent
Image:	Familienfreundlich, innovativ, kreativ, am Puls der Zeit
Sortiment:	Breit, für jede Lebenslage, gutes Preis-Leistungsverhältnis, Kombinierbarkeit,

Tab. 5: Anforderungen an die Partnermarke
Quelle: Eigene Darstellung

Stufe 5 - Identifikation potenzieller Partnermarken

Bei der Suche nach potenziellen Partnermarken stellt sich heraus, dass es für ein so international bekanntes und großes Unternehmen wie H&M schwierig ist, gleich starke Partner in der Möbel-

branche zu finden. Fast alle Möbelhersteller bieten keinen ausreichenden Leistungs-Fit (Markenimage, Bekanntheitsgrad, Markenkompetenz) oder Marken-Fit (Kompatibilität der beteiligten Markenkonzepte aus Konsumentensicht) für H&M. Zielgruppenüberschneidungen (= Zielgruppen-Fit) sind zwar vorhanden, jedoch steht dabei die „junge Familie" selten im Vordergrund. Vielmehr verfolgen die Möbelhersteller z. B. folgende Konzepte:

Roller – „Clever einrichten"

Roller ist mit 80 Standorten Markführer unter den deutschen Einrichtungs-Discounter. Mit seiner Philosophie „So gut! So günstig! Sofort!" verpflichtet sich Roller, immer die günstigsten Preise anzubieten. Dabei erreichen sie einen Jahresumsatz von ca. 600 Mio. Euro. Im letzten Jahr wurden acht neue Filialen eröffnet. Das entspricht einer Wachstumsrate von 10 Prozent.[140]

POCO – „ Schönes Wohnen für weniger Geld"

POCO ist ein moderner Einrichtungsmarkt, der gute Qualität zum besten Preis anbietet. Dabei geht er auf die Bedürfnisse der Menschen in einer Region ein und verändern sich so von Stadt zu Stadt. POCO gehört zur Handelsgruppe Domäne und hat 33 Filialen deutschlandweit. Ihr Jahresumsatz beträgt ca. 800 Mio. Euro.[141]

Krieger – „Neuem stets offen"

Zur Krieger Gruppen zählen die Möbelhäuser Krieger, Höffner, Möbel Kraft, Möbel Walther und Sconto-SB. Das Möbelhaus Krieger hat nur eine Filiale in Berlin und steht für individuelle Beratung,

---

[140] Vgl. Homepage Roller. Online im Internet: URL: http://www.roller.de [07.05.2008].
[141] Vgl. Homepage POCO. Online im Internet: URL: http://www.poco.de [07.05.2008].

persönliche Atmosphäre, Service der Spitzenklasse und exklusive Auswahl. Durch seine Aufteilung in „Kriegerhome", „KriegerTrend", „Krieger 4 Young" und „Kriegerbaby" bedienen sie alle Zielgruppen. Die Kriegergruppe hat einen Jahresumsatz von ca. 1 Mrd. Euro. Damit belegt er Platz zwei unter den deutschen Einrichtungshäusern.[142]

Who's Perfect – „Perfektes Design – Perfekter Preis"

Who's Perfect ist mit gerade mal sechs Filialen Deutschlands größter Anbieter von Designermöbeln. Hier will man exklusives Wohndesign bezahlbar machen und reduziert so namenhafte Marken um 25 bis 50 Prozent. Im Sortiment sind u. a. günstige Ausstellungsstücke mit kleinen Fehlern zu finden. Der Jahresumsatz beträgt ca. 450 Mio. Euro.[143]

Bei der Suche nach einem geeigneten Werbepartner ist lediglich ein Möbelhaus auffällig geworden, dass einen hohen Marken-, Leistungs- und Zielgruppen-Fit aufweist:

IKEA – „Wohnst Du noch oder lebst Du schon?"

IKEA ist ein international bekanntes Unternehmen mit 231 Einrichtungshäusern in 24 Ländern. Es bietet ein breites Sortiment formschöner und funktionsgerechter Einrichtungsgegenstände von guter Qualität zu niedrigen Preisen an. IKEA macht jährlich einen Umsatz von ca. 19 Mrd. Euro.[144]

---

[142] Vgl. Homepage Krieger. Online im Internet: URL: http://www.moebel-krieger.de [07.05.2008].
[143] Vgl. Homepage Who´s perfect?. Online im Internet: URL: http://whos-perfect.de [07.05.2008].
[144] Vgl. Homepage IKEA. Online im Internet: URL: http://www.ikea.com/ms/de_DE/abaut_ikea_news/facts_figures/index.html [07.05.2008].

Stufe 6 - Beurteilung und Reduktion der potenziellen Partnermarken

Zur genauen Beurteilung werden die identifizierten Partnermarken anhand des Anforderungsprofils gegenüber gestellt:

	Roller	POCO	Krieger	Who's Perfect	IKEA
International					x
Jahresumsatz > 6 Mrd.	600 Mio.	800 Mio.	1 Mrd.	450 Mio.	19 Mrd.
Internationale Werbung					x
Zielgruppe „junge Fam."	x	x	x		x
Bekanntheit > 75 %					x
Sympathiewert > 40 %					x
Familienfreundlich			x		x
Innovativ				x	x
Kreativ				x	x
Am Puls der Zeit				x	x
Breites Sortiment	x	x	x	x	x
Guter Preis zur Leistung	x	x	x	x	x
Kombinierbarkeit	x	x	x	x	x

Tab. 6: Anforderungsprofil
Quelle: Eigene Darstellung

Wie in der Abbildung zu erkennen ist, erfüllt IKEA alle gewünschten Anforderungen des gesuchten Profils und ist somit ein idealer Kooperationspartner. Bereits bei der Suche möglicher Partner wurde deutlich, dass IKEA als einziges Unternehmen einen hohen Marken-, Leistungs- und Zielgruppen-Fit aufweist. So ist für den Kunden schon allein durch die schwedische Herkunft beider Firmen eine erste gedankliche Verbindung der Marken geschaffen. Darüber hinaus wirken beide jung, frisch und kreativ und sprechen den Kunden durch originelles neues Design an. Ihre Waren sind so präsentiert, dass sie Kombinierungsmöglichkeiten vorschlagen, die den Kunden beim Kauf inspirieren sollen. Ferner fallen sie durch regelmäßige Angebotserweiterungen und Rabattaktionen auf. Vor Ort soll sich der Kunde weitestgehend selber zurechtfinden. Service wird nur nach Bedarf angeboten.

IKEA erschließt hauptsächlich eine junge Zielgruppe mit geringem bis mittleren Einkommen und kommt dabei besonders bei jungen Familien gut an, da sie sehr kinderfreundlich aufgebaut sind. So gibt es bspw. ein Kinderparadies mit Betreuung, damit die Eltern in Ruhe einkaufen können oder Bollerwagen, in denen die Kinder durch die Ausstellungsflächen gezogen werden können. Dadurch dass IKEA sehr familienorientiert ist, ein sehr gutes Preis-Leistungsverhältnis hat und ein breites Sortiment für jede Lebenslage bietet, bringt es für H&M eine hohe Markenkompetenz mit. Vor allem aber auch die Tatsache, dass IKEA international in fast genauso vielen Ländern wie H&M vertreten ist und dabei sogar eine leicht höhere Bekanntheit als auch Sympathie unter der Bevölkerung genießt, macht IKEA aus Unternehmenssicht zu einem Erfolg versprechenden Co-Advertising Partner. Da letztendlich aber der Konsument darüber entscheidet ob eine Werbekooperation erfolgreich ist, ist es unabdingbar, die Co-Advertising-Idee in Verbindung mit dem Wunschpartner anhand einer Konsumentenbefragung zu testen.

Stufe 7 - Wahl und Bindung der ausgewählten Partnermarke

Nach einem überwiegend positiven Feedback wird IKEA als Wunschpartner ausgewählt. H&M bereitet folglich seine Kooperationsidee auf und stellt sie in einer Präsentation zusammen. Nachdem Kontakte zu IKEA hergestellt wurden, wird diese in einem Treffen mit den Entscheidungsträgern präsentiert. H&M betont dabei vor allem die Austauschbeziehung sowie den Nutzen, den IKEA durch die Zusammenarbeit mit ihnen erzielen würde. Neben Kosteneinsparungen und den Überraschungseffekt, den die Kooperation bei dem Kunden auslösen würde, wird verstärkt auf die Imagekomponenten „trendy", „topp aktuell", „immer wieder neu" und „immer kreativ" eingegangen, mit denen H&M das Image von IKEA positiv aufladen würde. Da IKEA von der Kooperationsidee, der Austauschbeziehung und dem Nutzen für das eigene

Unternehmen begeistert ist, wird im weiteren Verlauf das Konzept gemeinsam spezifiziert. Dabei wird die Budgetplanung festgesetzt sowie die Rechte und Pflichten beider Kooperationspartner ausgehandelt. Diese werden in einer schriftlichen Vereinbarung festgehalten. Mit diesem Schritt ist die Phase der Konzeption abgeschlossen.

Die Phasen Realisierung (z. B. ganzheitliche Umsetzung des Projektes, Vermarktung der Kooperation) und Management (z. B. kontinuierliche Erfolgsmessungen, operative und strategische Kontrollen) werden in dieser Arbeit nicht weiter ausgeführt, da sie, obwohl sie in dem Managementprozess jeweils nur eine Stufe einnehmen, in ihren Ausführung für diese Arbeit zu umfangreich wären.

7. Zusammenfassung und Fazit

Im Rahmen dieser Arbeit wurde der Co-Advertising als Begriff definiert und im Hinblick auf das Management seiner Partnerschaften untersucht. Dafür wurden zunächst seine Formen, Chancen, Risiken und Erfolgsfaktoren ermittelt und bestimmt. Anhand der Chancen konnte das Potenzial dieser Werbestrategie aufgezeigt werden, wie z. B.: Zugang zu neuen Märkten und Kunden, Differenzierung von der Konkurrenz, die Generierung eines Zusatznutzens, positive Imagetransfers sowie Kostenreduzierung. Die erhöhte Aufmerksamkeit, die kooperative Werbung beim Verbraucher erregen soll, hängt jedoch von der richtigen Partnerwahl ab. Passen die Unternehmen in seinen Augen nicht zusammen oder erschließt sich ihm die Werbung nicht schnell genug, wird der Verbraucher irritiert anstatt überrascht. Neben Marken- und Zielgruppenproblemen können aber auch Konflikte innerhalb der Kooperation entstehen, wenn z. B. die Unternehmenspersönlichkeiten und –kulturen nicht harmonieren. Diese und weitere Risiken können durch die Berücksichtigung der Erfolgsfaktoren minimiert werden. Die wichtigsten Faktoren sind z. B. die Entwicklung eines

attraktiven und differenzierenden Kooperationskonzeptes, die Partnerwahl anhand von Marken-, Leistungs- und Zielgruppen-Fits sowie die ganzheitliche Umsetzung der Kooperation. Eine systematische und koordinierte Vorgehensweise ist dabei unerlässlich. Da viele Kooperationen aber aus dem Bauchgefühl geschlossen werden und die Unternehmen bisher auf keinen allgemein gültigen Ablaufplan zurückgreifen konnten, ist trotz der hohen Kooperationsbereitschaft nur jedes dritte Co-Advertising erfolgreich.

Ziel dieser Arbeit war es daher, einen solchen Managementprozess anhand der ermittelten Erfolgsfaktoren abzuleiten, um so den Unternehmen ein Schemata an die Hand zu geben, das sie durch die Konzeptions-, Realisierungs- und Managementphase einer Werbekooperation führt. Mittels eines fiktiven Beispiels wurde die Anwendbarkeit des Managementprozesses schließlich getestet. Dabei stellte sich heraus, dass eine detaillierte Situationsanalyse entscheidend für die Findung der Co-Advertising-Ziele ist, die wiederum zur Kooperationsidee führen und somit auch die Partnerwahl beeinflussen. Ferner wurde deutlich, dass die einzelnen Prozessstufen eng zusammenhängen und sich nicht klar abgrenzen lassen, da sie stark ineinander greifen. Die Stufen sind zwar logisch aufgebaut, können aber auch den Unternehmen angepasst und leicht variiert werden. Darüber hinaus sind gute Recherchen sowie ein ausreichende großes Zeitfenster unabdingbar. Eine Werbekooperation sollte nicht über das Knie gebrochen werden.

Insgesamt lässt sich sagen, dass beim Co-Advertising viele Faktoren zu berücksichtigen sind, die letztendlich über Erfolg oder Misserfolg entscheiden. Ohne vorher einen exakten systematischen Ablauf zu bestimmen, kann der Kurs schnell verfehlt werden. In der Praxis geht Co-Advertising oft mit anderen kooperativen verkaufsfördernden Aktivitäten wie z. B. Co-Promotion einher. Dies ist sehr zu empfehlen, da die Kunden so auf mehreren Wegen angesprochen werden können und die Kraft der Werbung

noch mehr verstärkt wird. In der fiktiven Werbekooperation von IKEA und H&M würde H&M dann z. B. auf seiner Verkaufsfläche offene Schrankelemente aus der PAX-Serie von IKEA aufbauen, in denen es seine Kleidung zum Verkauf anbietet oder präsentiert. Im Umkleidebereich und in der Kinder-Fernsehecke könnten Sitzgelegenheiten und Accessoires von IKEA platziert werden. Auf der anderen Seite würde IKEA immer mit aktueller Mode von H&M versorgt werden, die sie in ihren Ausstellungsflächen zur Geltung bringen würden. IKEA könnte damit seinem Kunden vermitteln, dass sie immer auf dem neusten Stand und am Puls der Zeit sind.

Co-Advertising bietet den Unternehmen eine Vielzahl an Chancen und Möglichkeiten. Ist das Konzept in sich stimmig und ganzheitlich umgesetzt, kann es zu großem Erfolg führen. Aufgrund des steigenden Kosten-, Innovations- und Wettbewerbsdrucks ist mit einer wachsenden Kooperationsbereitschaft zu rechnen. So gehen laut Studie ganze 94 Prozent der befragten Unternehmen davon aus, dass die Bedeutung von Marketingkooperationen in der Zukunft zunehmen wird.

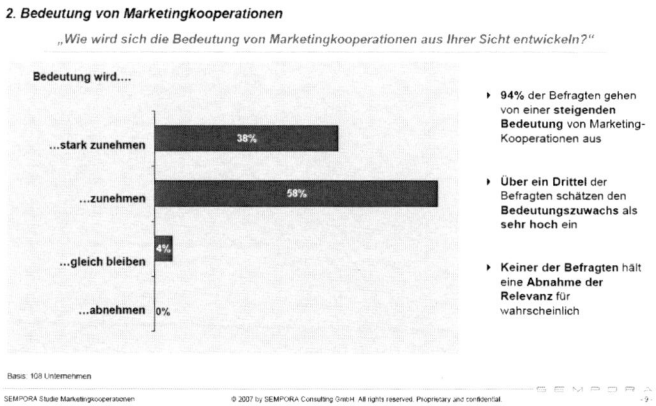

Abb. 14: Bedeutung von Marketingkooperationen
Quelle: Sempora Management Consulting, Noshokaty, Döring & Thun, Studie 2007, S. 9

48

*„Und noch etwas wird sich in Zukunft ändern. Es wird weniger So-
lo-Auftritte und viel mehr Co-Marketing und Co-Advertising geben.
Marken und Unternehmen werden kommunikative Beziehungen
eingehen."*[145]

Friedhelm Lammoth

---

[145] Lammoth (2006), S. 8

Literaturverzeichnis

Altobelli, Claudia Fantapié, Charakterisierung und Arten der Werbung, in: Berndt, Ralph/Hermanns, Arnold (Hrsg.), Handbuch Marketing-Kommunikation, Strategien – Instrumente – Perspektiven, 1. Aufl. Wiesbaden 1993

Baumgarth, Carsten, Co-Branding: Stars, Erfolgreiche, Flops und Katastrophen, in Transfer, Werbeforschung & Praxis, 46.Jg., H.1, S. 24-30, 2001

Baumgarth, Carsten/Feldmann, Tina, Formen und Erfolgsfaktoren des Co-Advertising, in Weidner, L., (Hrsg.), Kommunikationspraxis, 37. Nachlieferung, Landsberg 2002

Baumgarth, Carsten, Wirkungen des Co-Brandings, Erkenntnis durch Mastertechnikpluralismus, 1. Aufl., Wiesbaden 2003

Benkenstein, Martin/Beyer, Thomas, Kooperationen im Marketing, in: Zentes, Joachim et al. (Hrsg.), Kooperationen, Allianzen und Netzwerke, Grundlagen – Ansätze – Perspektiven, 2. Aufl., Wiesbaden 2005

Berndt, Ralph, Kooperative Werbung, Organisation, Planung und Vorteilhaftigkeit kooperativer Werbemaßnahmen, in: Dichtl, Erwin/Issing Otmar (Hrsg.), WiSt Wirtschaftswissenschaftliches Studium, Heft 1, 14 Jahrgang, Hamburg 1985

Bruhn, M., Marketing, Grundlagen für Studium und Praxis, 5. Aufl., Wiesbaden 2001

DG Bank, Gründe für das Eingehen von Kooperationen, In: DaimlerChrysler, Marketing- und Vertriebskooperationen als Mittel zur Akzeptanzsteigerung, Vortrags-Skript anlässlich der Fachkonferenz „Marketing-Kooperationen", management forum starnberg, Bad Homburg 2002

Esch, Franz-Rudolf, Strategie und Technik der Markenführung, 3. Aufl., München 2005

Friese-Greene, N., Siemens Mobile Phones – Co-Branding aus der Perspektive der Mobilfunkindustrie, in: Meffert, H., Backhaus, K., Becker, J. (Hrsg.), Co-Branding – Welche Potenziale bietet Co-Branding für das Markenmanagement?, Dokumentation des Workshops vom 27. Mai 2004, Dokumentationspapier Nr. 177, Münster 2004

Gaiser, B., Trittler, S., Co-Branding – Eine Alternative auch bei Lebensmittelmarken, in: Gaiser, B. et al. (Hrsg.), Praxisorientierte Markenführung, Neue Strategien, innovativ Instrumente und aktuelle Fallstudien, 1. Aufl., Wiesbaden 2005

Gutknecht, Klaus, Unternehmensübergreifende Marketing-Kooperationen – Der Weg zum innovativen Added Value, in: Kreutzer, Ralf T./Merkle, Wolfgang (Hrsg.), Die neue Macht des Marketing, Wie Sie Ihr Unternehmen mit Emotion, Innovation und Präzision profilieren, 1. Aufl., Wiesbaden 2008

Hermanns, Arnold/Lindemann, Michael, Kooperative Marketing-Kommunikation, in: Berndt, Ralph/Hermanns, Arnold (Hrsg.), Handbuch Marketing-Kommunikation, Strategien – Instrumente – Perspektiven, 1. Aufl. Wiesbaden 1993

Heymans, Valérie, Co-Communication und Werbewirkung, Effektivität und Bewertung kooperativer Marktkommunikation, 1. Aufl., Saarbrücken 2006

Himmel, Wolfgang, Co-Branding – neue Strategie in der Markenführung?, in: Dress, N. (Hrsg.), Erfurter Hefte zum angewandten Marketing, Heft 12, Kooperation im Marketing, 1. Aufl., Erfurt 2002

Horn, Frederik, Co-Advertising – Ein neuer Trend in der Kommunikationspolitik?, 1. Aufl., Siegen 2004

Huber, Jan-Alexander, Co-Branding als Strategieoption der Markenpolitik, Kaufverhalten bei Co-Brand-Produkten und negative Rückwirkungseffekte auf die Muttermarke, 1. Aufl., Wiesbaden 2005

Keller, Arthur, Die Gemeinschaftswerbung, Wesen, Arten und betriebswirtschaftliche Bedeutung, 1. Aufl., St. Gallen 1955

Kiesow, Pamela, Co-Branding, Ziele, Chancen und Nutzen von Markenallianzen, 1. Aufl., Saarbrücken 2006

Kunze, F. H., Horizontale Markenkooperation in der Marketing-Kommunikation – Grundlagen, Entscheidungsprozeß, Beispiel und Checkliste, in: Dress, N. (Hrsg.), Erfurter Hefte zum angewandten Marketing, Heft 12, Kooperation im Marketing, Erfurt 2002

Leven, Wilfried, Was ist eine Marke?, in: Dirk-Mario Boltz/Leven, Wilfried (Hrsg.), Effizienz in der Markenführung., 1. Aufl., Hamburg 2004

Meffert, Heribert, Einführung in die Themenstellung, Co-Branding, in: Meffert, H., Backhaus, K., Becker, J. (Hrsg.), Co-Branding – Welche Potenziale bietet Co-Branding für das Markenmanagement?, Dokumentation des Workshops vom 27. Mai 2004, Dokumentationspapier Nr. 177, Münster 2004

Ohlwein, M.,Schiele, T.P., Co-Branding, in: Dichtl, Erwin/Issing Otmar (Hrsg.), WiSt Wirtschaftswissenschaftliches Studium, Heft 11, 23 Jahrgang, Hamburg 1985

Pradel, Marcus, Dynamisches Kommunikationsmanagement, Optimierung der Marketingkommunikation als Lernprozess, 1. Aufl., Wiesbaden 2001

Redler, J., Management von Markenallianzen, Eine Analyse unter besonderer Berücksichtigung der Urteilsbildung, Dissertation, Berlin 2003

Scharnowski, Frank, Co-Branding als Markenstrategie, 1. Aufl., Berlin 2006

Schneider, Karl/Pflaum, Dieter, Werbung in Theorie und Praxis, 5. Aufl., Waiblingen 2000

Sempora Management Consulting, Noshokaty, Döring & Thun, Studie 2007: „Marktorientiertes Wachstum durch Marketingkooperationen", Studienergebnisse, Berlin/Bad Homburg 2007

Thun, Simon, Welche Potenziale bietet Co-Branding für das Markenmanagement?, in: Meffert, H., Backhaus, K., Becker, J. (Hrsg.), Co-Branding – Welche Potenziale bietet Co-Branding für das Markenmanagement?, Dokumentation des Workshops vom 27. Mai 2004, Dokumentationspapier Nr. 177, Münster 2004

Vilmar, Answin, Markenkooperationen Kooperationsmarketing, Strategien und Entscheidungshilfen für die Praxis, 1.Aufl., Bonn 2006

Quellenverzeichnis Internet

Calgon, Homepage.
URL: http://www.calgon.de/protection.php [14.04.2008]

CMA, Homepage.
URL: http://cma.de/content/milch/milch-milch-ist-meine-staerke.php; URL: http://www.milch-ist-meinestärke.de

Deutsches Patent und Markenamt, Geschäftsberichte 2005, 2006.
URL: http://presse.dpma.de/docs/pdf/jahresberichte/1/dpma_jb_2006.pdf [28.04.2008].

Feige, Stephan/Brockdorff, Benita, Wenn Marken sich Vermählen, 2006.
URL: http://www.marketing-boerse.de/tools/download/?type= article&id=668 [12.04.2008].

H&M, Die Marke.
URL: http://www.hm.com/filearea/corporte/fileobjects/pdf/en/RM_DOWNLOAD_FACTSANDHISTORY_FACT SABOUTHM_PDF_GERMAN_1209368581936.pdf [05.05.2008]. S. 28

H&M, Homepage.
URL: http://www.hm.com./de/inspiration___fashion.nhtml#/top5 [08.05.2008].

H&M in Kürze.
URL: http://www.hm.com/filearea/corporate/fileobjects/pdf/en/RM_DOWNLO-AD_FACTSANDHISTORY_FACTSABOUTHM_PDF_GERMAN_1209368581936._pdf [05.05.2008]. S. 6 ff.

Huber, Andreas/Thun, Simon, Marktorientiertes Wachstum durch Marketingkooperationen, in: Marketing Journal, 06/2007. Auch URL: http://www.noshokaty-doering-thun.com/download/deMarketingJournal_0607.pdf [28.03.2008].

IKEA, Homepage.
URL: http://www.ikea.com/ms/de_DE/abaut_ikea_news/facts_figures/index.html [07.05.2008].

IKEA Wohnreport.
URL: http://www.ikea.com/ms/de_DE/about_ikea/press_room/downloads/wohnreport.pdf [04.05.2008].

Kleenex, Homepage.
URL: http://www.kleenex.com/de/lego/lego2.html [20.04.2008]

Krieger, Homepage.
URL: http://www.moebel-krieger.de [07.05.2008].
Lambrecht, Anne, Markennetze, 2003.
URL: http://e-pub.uni-weimar.de/volltexte/2004/11pdf/031212_
marken netze.pdf [25.04.2008]

Lammoth, Friedhelm, Die Marketing-Zukunft, Neue Kunden –
Neue Märkte – Neue Werte, Referat auf der 8. Best Practice in
Marketing-Tagung des Instituts für Marketing und Handel an der
Universität St. Gallen, 2006.
URL: http://www.marketing-trendinformationen.de/downloads/
lammoth_marketingzukunft.pdf [12.04.2008].

Mesh-Box.
URL: http://mesh-box.com/index. php [28.04.2008].

MTP, Homepage.
URL: http://www.mtp.org [05.05.2008].

POCO, Homepage.
URL: http://www.poco.de [07.05.2008].

Roller, Homepage.
URL: http://www.roller.de [07.05.2008].

Stern MarkenProfile 11, Mode und Oberbekleidung, 2005.
URL:http://www.gujmedia.de/_components/markenprofile/mapro11
/ download/mapro11branchen/MaPro11_Mode_Basis.pdf
[05.05.2008]. S. 21

Tigracouture, 2007.
URL: http://www2.opel.de/tigracouture [20.03.2008].

TW-Studie Einkaufsstätten-Profil 2007.
URL: http://www.twnetwork.de/recherche/leserservice/pages/data/
Leseservice196.pdf [04.05.2008].

Vilmar, Answin, Kooperationsmarketing: Klare Ziele sind gefragt!.
Ein Interview in: Direktmarketing 04/2007.
URL: http://www.im-marketing-forum.de/beitraege/standardbeitrag
_37814.html [27.04.2008].

Who´s perfect?, Homepage.
URL: http://whos-perfect.de [07.05.2008].

Willhardt, Rahel, Das seltsame Paarungsverhalten von Marken, in:
absatzwirtschaft – Zeitschrift für Marketing 7/2007.
URL: http://www.noshokaty-doering-thun.com/en/presse-clippings.
php [20.03.2008].

Anhang

Verschiedene Studienergebnisse der wichtigsten Ziele von Marketingkooperationen, Markenkooperationen, Co-Branding:

Studie 1:

Ziele:	Prozent:
Zugang zu neuen Märkten/Kunden	95%
Mehrwert für den eigenen Kunden	77%
Schaffung zusätzlicher Distributionspunkte	64%
Stärkung der Marke	61%
Kostenreduktion	48%

Tab. 7: Ziele von Marketingkooperationen
Quelle: Sempora Management Consulting/Noshokaty, Döring & Thun (2007), S. 10

Studie 2.

Ziele:	Wichtig	davon erreicht
Kostensenkung	75%	89%
Bessere Bearbeitung bestehender Märkte	73%	86%
Erschließung neuer Kundengruppen	56%	79%
Anpassung an veränderten Kundenanforderungen	53%	74%
Know-how Austausch	58%	71%

Tab. 8: Markenkooperationen: Bedeutung und Zielerreichung
Quelle: DG-Bank (2002) S. 9

Studie 3.

Ziele:	Prozent:
Ansprache neuer Käufergruppen	72%
Generierung neuer Verwendungsgelegenheiten	56%
Zugang zu neuen Marktsegmenten	48%
Steigerung der wahrgenommenen Qualität	32%
Änderung des Markenimages	32%

Tab. 9: Ziele des Co-Brandings
Quelle: Eigene Darstellung in Anlehnung an Meffert (2004), S. 3

Studie 4.

Chancen:	Wichtig
Herbeiführen eines positiven Imagetransfers	95%
Steigerung des Umsatzes	92%
Ansprache neuer Zielgruppen	86%
Zugang zu neuen Marktsegmenten	84%
Generierung neuer Verwendungsgelegenheiten	81%

Tab. 10: Chancen des Co-Brandings

Quelle: Eigene Darstellung in Anlehnung an Gaisler/Trittler (2005), S. 455